W0229050

Pleasure

Für meine Girlfriends
In Liebe und Dankbarkeit für die Lektionen,
die ich gelernt habe

Maggie Tapert

Pleasure

Bekenntnisse einer sexuellen Frau

Inhalt

Dies über alles: Sei dir selber treu,
Und daraus folgt, so wie die Nacht dem Tage,
Du kannst nicht falsch sein gegen irgendwen.

Polonius zu Laertes (in *Hamlet)*

EINLEITUNG – Pleasure umarmen

Möge Pleasure auf Erden sein, und möge es mit mir beginnen.

Annie Sprinkle

Nie hätte ich auch nur geahnt, dass ich kurz vor meinem 64. Geburtstag eine solche Fülle an Liebhabern mein Eigen nennen würde. Zurzeit habe ich drei wahrhaft köstliche Freunde, die nicht nur sexy sind, sondern mich auch anbeten, mir Geschenke machen, für mich kochen und regelmäßig Sex mit mir haben. Und sie sind alle mindestens zwanzig Jahre jünger als ich. Zwei von ihnen begleiten mich schon seit mehreren Jahren. Ich könnte auch noch mehr Liebhaber in meinem Leben unterbringen, wenn die Woche nicht so kurz wäre. Abwechslung ist das Salz in der Suppe des Lebens, und das spiegelt sich in meinem Liebesleben wider. Ich halte mir meinen eigenen kleinen Harem an Jungs, und was Pleasure angeht – da habe ich das Sagen. Bin ich eine hinreißende Schönheit? Besitze ich hypnotische Fähigkeiten, mit denen ich mir die Männer gefügig mache? Habe ich das Patent auf einen Liebestrank? Nein, ich bin wie Sie: eine ganz normale Frau.

Was mich allerdings von den meisten Frauen unterscheidet, ist meine Hingabe an ein Leben voller Pleasure. Keine Angst: Auch ich kann leiden, wie jeder andere Mensch. Ich kann Ihnen haarsträubende Geschichten über all die Dinge (und Menschen) erzählen, die mich wirklich wütend oder traurig machen oder mich enttäuscht haben. Über all die Dinge (und Menschen), die mich zum Weinen oder Schreien bringen oder meine Mordlust wecken. Doch ich gebe zu: Viel lieber lache ich und gebe mich dem süßen Sirenengesang der Lust hin. Viel lieber nehme ich all die erstaunlichen Dinge (und Menschen) um mich herum wahr, die mir Freude bringen. Für mich ist das Glas immer halb voll. Ich wache morgens lieber mit Jubel in meiner Seele und mit einem Dankgebet auf den Lippen auf. Karriere habe ich damit gemacht, anderen Frauen beizubringen, es mir gleichzutun. Die Welt ist voller verschiedener Arten von Pleasure, die nur darauf warten, entdeckt zu werden. Wenn wir das erkennen und uns zu Eigen machen, wird sich alles ändern.

Mein Leben änderte sich in dem Moment, in dem mir klar wurde, dass zwischen meiner persönlichen Lust und dem, was die Gesellschaft mir als angemessen für eine Frau meines Alters verkaufen wollte, ein riesiger Unterschied besteht. Gerade war meine zwanzigjährige Ehe in die Brüche gegangen; von einem Tag auf den anderen fand ich mich mit 60 plötzlich als Single wieder. Ich war so lange Teil eines Paars gewesen, dass ich mir ein freudvolles und erfülltes Leben auf eigenen Beinen gar nicht mehr vorstellen konnte. Ich hatte den Kontakt zu Pleasure verloren – auf so vielen Ebenen. Nur eins war sicher: Eine verbitterte Exfrau mit zunehmend grauem Haar und immer steiferen Gelenken, die sich nach der vergangenen Sicherheit zurücksehnt, wollte ich nicht werden. Ich wollte leben! Ich wollte das Leben genießen! Ich wollte tanzen, singen, lieben und erdbebenartige Orgasmen haben! Ich wollte spielen und ich wollte ficken!

Pleasure ist meine Berufung, Erotik ist das, was mich am meisten nährt. Sie stellt nicht nur den Fokus meiner beruflichen Aktivitäten als Autorin, Coach und Lehrerin dar, sondern dient mir darüber hinaus als Werkzeug, mit dem ich mich mit der Welt um mich herum verbinde. Sexuelles Vergnügen, mit mir selbst oder mit jemandem, den ich liebe, ist für mich wie Zähneputzen – es gehört zum Alltag einfach dazu. Natürlich kann der Mensch auch ohne Zahnbürste überleben, aber warum sollte er? Und obwohl ich den physischen Ausdruck von Zuneigung in meiner zwanzigjährigen monogamen Ehe durchaus genossen habe, führe ich jetzt, mit 60, ein Leben voller Pleasure, das exakt auf *meine* Bedürfnisse und Begierden zugeschnitten ist. All die Kompromisse, die man schließt, um die Beziehung nicht zu gefährden, erschienen mir plötzlich absurd und falsch. Nun konnte ich meine eigenen Regeln aufstellen, ich konnte mit Männern flirten, sie verführen, mit ihnen spielen oder sie lieben, wie immer ich es für richtig hielt.

Als mein Mann aus unserer gemeinsamen Wohnung ausgezogen war, begriff ich das Leben allein langsam wieder als Chance und nicht als etwas, vor dem man sich fürchten muss. Dafür lag allerdings noch etwas Arbeit vor mir. Ja, ich war stinksauer, traurig, wütend und stand kurz vor einem Nervenzusammenbruch. Ja, ich litt. Ja, ich musste erst einmal erwachsen werden und mich von alten restriktiven Urteilen, Programmen und Konzepten verabschieden. Aber ich fühlte mich sicher in meinen eigenen vier Wänden, in meinem geräumigen Doppelbett, mit all dem zusätzlichen Platz im Kleiderschrank und einer drahtlosen Verbindung zu einer guten Online-Date-Website. Was will man mehr?

Die Stadt, in der ich lebe, ist wie die meisten anderen auf dieser Welt: vollgestopft mit gut aussehenden, erfolgreichen, cleveren, sexhungrigen Männern, die mit einer Frau ins Bett wollen. Ich fand heraus, dass ein Mädchen sich nur einen aussuchen, ihre Tür öffnen und ihn hineinbitten muss. Klingt lächerlich einfach, ich weiß; aber glauben Sie mir: Es ist so. Die meisten Frauen machen jedoch einen Fehler: Sie wollen nicht nur flirten, verführen und spielen. Das Vergnügen eines umwerfenden Männerspielzeugs reicht ihnen nicht. Nein, sie wollen den Mann *besitzen*, ihn kontrollieren, ihn – Gott behüte – vielleicht sogar heiraten und bis ans Ende ihrer Tage glücklich mit ihm leben. Viele Frauen glauben immer noch, dass sie einen Mann brauchen, um glücklich zu sein. Leider hat dieser Glaube weder etwas mit Liebe noch mit Sex noch mit Pleasure zu tun. Selbst erfolgreiche, elegante, finanziell unabhängige Frauen, die es in der Welt der Macht und des Prestiges geschafft haben und die jeden Wunsch auf Erden erfüllt bekommen, funktionieren emotional immer noch nach einem antiquierten System, das mitnichten ihre geheimsten Sehnsüchte widerspiegelt. Der Feminismus hat die

Welt verändert und die Frauen befreit – nur wissen viele von ihnen nicht, wie sie diese Freiheit über die Schwelle der Schlafzimmertür tragen können. Also biete ich Ihnen hier meine revolutionäre Strategie an, wie Sie die besten Männer der Stadt bekommen können – eine Strategie mit hohen Erfolgschancen und geringem Risiko:

Liebe sie und lass sie gehen.

Verführe sie, küsse sie, ficke sie, schlage sie, tu mit ihnen, was immer du willst, aber lass sie immer – *immer!* – gehen. Und kehre zum Kern von Pleasure zurück, der auch deine eigene essenzielle Wahrheit ist.

Ich versuche nicht mehr, Männer zu besitzen. Ich genieße ein paar Stunden lang ihre Gesellschaft. Vielleicht lasse ich einen von ihnen mich mit der Zunge zu multiplen Orgasmen bringen. Vielleicht beende ich einen arbeitsreichen Nachmittag mit ein paar lustvollen Stunden im Bett mit einem meiner wunderschönen Jungs. Vielleicht spiele ich mit einem jungen Bock, indem ich ihm die Augen verbinde, ihn über den Küchentisch lege und ihm mit meiner bloßen Hand oder einer hübschen Peitsche den Hintern versohle. Wer weiß? Ich mache, was immer mich in dem Moment am meisten anturnt, was immer den Genuss des Augenblicks steigert. Und am Ende der vorgesehenen Zeit, wenn ich genug habe vom Spielen und/oder von seinem Schwanz und/oder von den feuchten Orgasmen, dann lasse ich ihn gehen. Ich jage ihn fort. Ich überantworte ihn wieder dem Alltagstrott. Ich schicke ihn zu seiner Frau und den Kindern, die mit dem Essen auf ihn warten. Ich mixe mir einen köstlichen Cocktail, zünde die Kerzen an, nehme ein warmes Duftbad und konzentriere mich darauf, die Endorphine in meinem Körper zu genießen. Und sollte ich immer noch Lust aufs Spielen haben, nehme ich meinen riesigen Vibrator, der immer auf meinem Nachttisch steht, und zaubere mir noch einen Orgasmus, der mich ins Reich der Träume begleitet.

Dieses Buch erzählt, wie ich zu meiner Identität als Single-Frau, die Pleasure ganz oben auf ihre Prioritätenliste setzt, fand. Hedonistisch, glücklich, mit multiplen Orgasmen, wundervoll lustorientiert – ja, das bin ich, und noch so vieles mehr. Lassen Sie mich Ihnen erzählen, wie ich meine eigene tiefste Lust umarmte und mein Leben veränderte, wie ich die Anerkennung erntete, die jede reife, unabhängige Frau verdient. Pleasure ist da, greifen Sie zu. Lesen, lernen, genießen!

Ich und mein Boy

*Dinge ändert man nicht, indem man gegen
Realitäten ankämpft. Um etwas zu verändern,
muss ein neues Modell geschaffen werden, das
das alte obsolet macht.*

R. Buckminster Fuller

Es ist wunderbar, Sex mit einem jüngeren Mann zu
haben. Diese wunderschönen Muskeln, der feste
Bauch, die straffe Haut, das seidige Haar – und dieser ewig hungrige Schwanz! Wer könnte der Schönheit solch jugendlicher Männlichkeit widerstehen?
Und seit ich wieder Single bin, weiß ich es wirklich
zu schätzen, was jüngere Männer zu bieten haben.
Soweit ich das beurteilen kann, beruht dieses Gefühl
auf Gegenseitigkeit. Die Männer können meine pro-
funde Saftigkeit spüren. Sie spüren: *Hey, sie ist heiß,
sie steht unter Strom, eine Frau, die es liebt zu ficken.*
Ich glaube, dass es den meisten Männern weder um
das Alter noch um Schönheit geht. Sie wollen einfach nur Sex haben und dafür gewürdigt werden. Sie
wissen, dass ich sie willkommen heiße, mich ihnen

15

völlig öffne, sie vielleicht sogar liebe – sie aber immer gehen lasse.

Was auch immer vom Körper eines Mannes abstrahlt, macht mich an. Nicht nur vom Körper der schönsten oder erfolgreichsten Männer – nein, *alle* Männer verfügen über dieses gewisse Etwas. Ich weiß auch nicht – ist es vielleicht das Testosteron? Ich kann diese *Andersartigkeit* spüren, diese Energie, diese Kraft, dieses Mannsein – und es macht mich an. Hat es immer schon. Aber jüngere Männer, *ahhhh* … nun, bei ihnen bekomme ich wirklich weiche Knie. Kerle in meinem Alter, mit ihren lauten, unerträglichen, übertriebenen Ansichten zu allem und jedem auf Gottes Erdboden und mit ihren unwiederbringlich schrumpfenden Schwänzen, bis schließlich nichts als ein weicher, schrumpeliger Schaft der Enttäuschung übrig bleibt – nein danke, hab ich alles hinter mir. 30-, 40-jährige Männer will ich! Die sind immer noch hungrig – im Beruf, bei ihren sozialen Kontakten, beim Sex –, aber schon unendlich gelangweilt von dem netten kleinen Leben, in dem sie sich eingerichtet haben. Sie haben eine hübsche Frau, zwei süße Kinder, einen guten Job und wissen ganz genau, was sie tun müssen, um sich das alles zu erhalten. Aber Himmel noch mal – die unerträgliche Langeweile! Sie wachen morgens auf und fragen sich: War's das jetzt? Gibt es da nicht noch mehr? So viel testosterongeschwängerter Saft im männlichen Körper, und er weiß nicht, wohin damit. *Armer Junge – komm zu Mama!*

Mein Boy war auch so, als ich ihn fand. Wunderschön, aber unendlich gelangweilt von der Vollkommenheit seines täglichen Lebens, in dem er sich nur

16

mit dem Traum über Wasser halten konnte, eines Tages seine Fantasien in die Tat umzusetzen. Mein Boy hat langes, seidiges braunes Haar. Normalerweise stehe ich nicht so auf Männer mit langen Haaren, aber dieses Mal ist das anders. Es ist schulterlang und immer sauber. Als ich ihn schließlich persönlich traf, wäre ich ihm fast mit den Fingern durchs Haar gefahren. Einfach die Hand ausstrecken und ihn wortlos streicheln und liebkosen. Natürlich habe ich das nicht getan. Ich saß nur da, sah ihm ganz ruhig in die wachen blauen Augen und maß ihn von oben bis unten. Er wirkte hungrig, wie ein junger Welpe. Er hatte mir geschrieben und gefragt, ob ich noch jemanden für mein *Männerteam* brauchte. Solche Anfragen bekomme ich häufig. Meist haben sie keine Ahnung, was von ihnen in meinem Team erwartet wird. Sie riechen den Sex und wollen dabei sein.

Das *Männerteam* ist eine Sammlung von Männern, denen ich über die Jahre hinweg begegnet bin. Was diese Männer auszeichnet, ist eine besondere Raffinesse in ihrer männlichen Sexualität; sie ficken nicht nur gut, sondern sind wirklich erfahrene Liebhaber. Ich nutze mein Team nur gelegentlich für spezielle Rituale und Events im Rahmen der Workshops, die ich regelmäßig für Frauen anbiete. Die Männer sind gewissermaßen meine Geheimwaffen. Eigentlich arbeite ich mit der weiblichen Sexualität, doch muss ich in bestimmten Workshopsituationen manchmal auf Männer zurückgreifen, um etwas zu verdeutlichen. Die Männer im Team kenne ich zum Teil seit Jahren, zum Teil ist aber auch Frischfleisch darunter, das ich im Internet oder zufällig auch persönlich aufgestöbert habe.

Wenn ich eine E-Mail von einem neuen Anwärter bekomme, baue ich die imaginäre Besetzungscouch auf. Dabei habe ich auch meine Hintergedanken: Nach außen bin ich ganz Profi, innerlich turnt mich das Ganze unglaublich an. Ich antworte höflich und sehr neutral und fordere ein Foto an. Sieht der Typ scheiße aus – Bierbauch, Halbglatze, Goldkettchen um den feisten Hals –, schreibe ich zurück, dass ich im Moment niemanden suche, seine Anfrage aber in meinen Unterlagen behalte. Dann lösche ich Mail und Foto und wende mich anderen Dingen zu. Sieht er heiß aus, und gefällt mir, was er zu bieten hat, nehme ich ihn in die engere Auswahl. Auf diese Weise habe ich schon einige wirklich faszinierende Männer kennengelernt. Auf der persönlichen Ebene klappt es dann nicht immer. Manchmal wollen sie unbedingt ins Team und interessieren sich nicht speziell dafür, mich zu ficken. Doch meist sind sie einfach nur geil – für mich das Stichwort, die Situation hemmungslos zu meinen Gunsten auszunutzen.

Allen potenziellen Kandidaten sage ich, dass sie zuerst mich ficken müssen, wenn sie ins Team wollen. Natürlich nicht in der ersten Mail, aber irgendwann später, wenn ich den Eindruck gewinne, dass sich die Kommunikation in die richtige Richtung entwickelt. Eigentlich ist das eine Fangfrage: *Kannst du mich ficken? Kannst du den Boss ficken? Kannst du Mami ficken?* Mich interessiert, wie sie reagieren, ob sie Ja sagen können oder beschissene, zwecklose Ausflüchte machen. Sie müssen jede Frau ficken können, weil sie offen dafür sein müssen, dem überlegenen Geschlecht sexuell zu dienen. Wenn sie mich nicht anmachen können, wenn sie nicht wissen, was sie mit mir im Bett anstellen sollen, dann sind sie von keinerlei Nutzen für die Frauen, die für meinen Workshop teures Geld bezahlen.

Die Männer, die es schließlich in mein Team geschafft haben, sind außergewöhnliche Individuen. Die meisten hatten schon Hunderte von Partnerinnen und verfügen über vollkommene Ausgeglichenheit und Anmut im Kontakt mit Frauen. Sie wissen, wie man eine Möse leckt und wie man eine Frau zum Ejakulieren bringt. Sie können stundenlang ficken, ohne zu kommen. Sie sind ganz ursprünglich, kreativ und grenzenlos. Sie verfügen über Fähigkeiten, von denen die meisten Männer noch nicht einmal wissen, dass es sie gibt. Wenn ich potenzielle Kandidaten also als Erste höchstpersönlich ficke, tue ich damit allen einen Riesengefallen. Ich beuge späteren Enttäuschungen vor. Im Prinzip ist es wie auf der Besetzungscouch eines lüsternen Hollywoodproduzenten. Ich nutze diese Männer schamlos aus – aber für einen guten Zweck.

Liebe Maggie,

vor Kurzem habe ich gelesen, dass du gelegentlich für die Frauen in deinen Workshops nach Liebessklaven suchst. Ob ich für diese Aufgabe geeignet wäre, kann ich nicht beurteilen, aber es klingt aufregend, sich den Bedürfnissen einer Frau ganz hinzugeben und sie zu befriedigen. Ich verfüge nur über ein begrenztes Maß an Erfahrung, bin aber begierig darauf, zu lernen und mich in meinen sexuellen Fähigkeiten weiterzuentwickeln.

Ich bin 40 Jahre alt und in exzellenter körperlicher Verfassung. Ich übe einen akademischen Beruf aus und bin glücklich verheiratet.

Es wäre mir ein großes Vergnügen, dich persönlich kennenzulernen.

Hochachtungsvoll,

Billy

Liebe Maggie,
danke für deine rasche Antwort, in der du mich um ein Foto und weitere Informationen über mich gebeten hast.

Meine Fantasien gehen weit über den bodenständigen, aber befriedigenden Sex hinaus, den ich mit meiner Frau habe. Ich möchte gerne etwas Neues ausprobieren und mag deinen spielerischen Zugang zum Sex. Ebenso wie ich in meinem Beruf Tag für Tag versuche, meine Kenntnisse zu erweitern, möchte ich auch meine sexuellen Fähigkeiten ausweiten und bereichern – aus purer Lust an der Lust.

Leider glaube ich nicht, dass meine Frau mir dorthin folgen würde, wohin mich meine sexuellen Fantasien führen. Ich habe das Gefühl, dass es Dinge gibt, die wir nicht miteinander teilen können; so könnte ich ihr zum Beispiel niemals von meinen recht harmlosen SM-Fantasien erzählen oder von meinem Wunsch, mich einer starken Frau unterzuordnen. Außerdem glaube ich nicht, dass Sex und Liebe untrennbar miteinander verbunden sind. Ich liebe meine Frau und habe nicht das Gefühl, dass mein Wunsch nach sexuellen Abenteuern unserem gemeinsamen Leben irgendetwas wegnehmen oder meine Liebe zu ihr schmälern würde.

B.

Als ich diese Anfrage bekommen und einen Blick auf das Foto von ihm mit nacktem Oberkörper geworfen hatte, dachte ich: Wow! Keine Frage, den muss ich treffen. Er war so süß und sein Bauch so flach, dass ich einen Moment egoistisch in Erwägung zog, ihn ganz für mich zu behalten. Und da sitzen wir also nur ein paar Tage später in einem Restaurant, essen ein Club Sandwich und sprechen über Fantasien, Begierden, Workshops und das Leben. Wie erwartet, ist er heiß, das spüre ich sofort. Außerdem ist er clever, und sein Englisch ist perfekt. Ich möchte ihn wirklich so schnell wie möglich ficken, und dann fängt er an, mir detailliert von seinen Fantasien zu erzählen. Sein ganzes Leben lang hat er schon davon geträumt, von einer starken älteren Frau dominiert zu werden. Meine Wangen beginnen zu glühen, während ich ihm aufmerksam zuhöre.

Zwei junge Blondinen in High Heels betreten das Restaurant und nehmen an dem kleinen Tisch neben unserem Platz. Ich sehe kurz zu ihnen hinüber und spüre ihre jugendliche sexuelle Energie; sie plappern drauflos und sind ziemlich schick – mehr nicht. Mich interessieren sie also nicht im Geringsten, es gelingt ihnen aber, *seine* Aufmerksamkeit zu erregen. Immer wieder gleitet sein Blick zum Nebentisch ab. Einen Moment lang ist er ganz bei mir; fühlt er sich aber unbeobachtet, sieht er zu den beiden Blondinen. Er mustert sie von Kopf bis Fuß und verschlingt sie mit den Augen, wie Männer das eben tun. Langsam werde ich sauer. Ich hasse dieses pubertäre Verhalten. Aber ich sage nichts.

Kurz taucht in mir der Wunsch auf, eine Peitsche in der Handtasche zu haben, eine wirklich fiese, harte, beißende, mit der ich ihm richtig wehtun könnte. Die kleine rot-schwarz geflochtene, die ich in San Francisco gekauft habe, wäre perfekt. Ich würde sie aus der Handtasche nehmen und wortlos auf seinen Kopf niedersausen lassen. Ohne Erklärung. Ohne

Vorwarnung. Ohne Gnade. Ich würde ihn damit so hart auf sein verficktes Hirn treffen, dass er vor lauter Überraschung und Schmerz vom Stuhl fiele. Aber ich sage nichts. Ich tue nichts. Ich bleibe freundlich und neutral, während wir uns über die Anforderungen unterhalten, die er erfüllen muss, um mir näherzukommen und es vielleicht – *vielleicht* – in mein Team zu schaffen.

Abgesehen von der ärgerlichen Ablenkung vom Nebentisch spüre ich die Anziehungskraft zwischen uns. Sie ist ganz klar. Wir spüren sie beide und wissen, dass es schon längst nicht mehr nur um mein Team geht, sondern um eine tiefe, geheime Verbindung zwischen uns. Ich ziehe ihn an mich, bewahre gleichzeitig aber meine Distanz. Ich tue so, als wäre das alles rein geschäftlich, während meine Möse unter dem Tisch langsam feucht wird. Wie den meisten Männern werde ich auch ihm erst beibringen müssen, wie man sich benimmt. Er muss gezüchtigt, gestaltet und geformt werden. Er muss lernen, was Unterwerfung bedeutet. Und wer wäre für diesen Job besser geeignet als ich? Trotz seiner gelegentlichen Unaufmerksamkeit will ich ihn und fühle, wie mir das Blut in die Wangen steigt, während ich in seine wunderschönen blauen Augen blicke.

Lieber Billy,
es war mir ein ganz besonderes Vergnügen, dich heute kennengelernt zu haben. Für eine gemeinsame Beziehung sehe ich viele aufregende Möglichkeiten. Aber lass mich zunächst einiges klarstellen. Ich bin eine Göttin. Ich bin eine Königin. Du wirst mich anbeten und mit äußerstem Respekt behandeln, oder es wird keinen weiteren

Kontakt zwischen uns geben. Während des Essens hast du die ganze Zeit zu den beiden Frauen am Nachbartisch gesehen. Damit hast du ein Verhalten in meiner Gegenwart gezeigt, das absolut inakzeptabel ist. Damit hast du nicht nur schlechte Manieren bewiesen, sondern auch, dass du fähig bist, mich zu beleidigen und mir den nötigen Respekt zu verweigern. Das werde ich nicht tolerieren. Wenn ich mir dich zum Boy nehme, verlange ich deine völlige, ungeteilte Aufmerksamkeit und Ergebenheit. In meiner Gegenwart zu sein, mir zu dienen und mich anzubeten, ist deine höchste Bestimmung. Kleine blonde Schlampen in High Heels sind ab heute Vergangenheit für dich. Wenn du mir gehörtest, würde ich dich für diesen haarsträubenden Etikettenbruch hart bestrafen …

Liebste Mistress,
vergib mir! Vergib meine Ignoranz!
Ich kann nicht mehr schlafen. Seit unserem Treffen raubt mir der Gedanke daran, dein Boy zu sein, jegliche Ruhe. Ich kann an nichts anderes denken als an mein sehnsüchtiges Verlangen, von dir besessen zu werden.
Meine Mistress, ich bin dankbar, dass du meine Fehler und mein unangemessenes Verhalten in deiner Gegenwart aufgezeigt hast. Du siehst, wie viel ich noch lernen muss. Es tut mir leid, dass ich die Frauen am Nebentisch angesehen habe. Es gibt keine Entschuldigung für mein Verhalten – das weiß ich. Ich wollte dir nur sagen, dass es keine Frau in dem Restaurant gab, die auch nur halb so attraktiv war wie du. Die bist einfach atemberaubend, und ich verbeuge mich vor deiner Schönheit und deiner Eleganz.
Ich wünsche mir nichts sehnlicher, als dass du mich zu deinem Boy nähmst, ganz von mir Besitz ergriffest. Ich werde dir dienen, ich werde deine Regeln befolgen, ich werde jede

Bestrafung akzeptieren, die du für notwendig hältst. Deine Gesetze sollten mir ins Fleisch geschrieben werden. Das Zufügen von Schmerzen ist eine Notwendigkeit, die ich willig akzeptiere.

Ich küsse deine Füße, meine göttliche Mistress.

Lieber Billy,

das Schöne an unserer Beziehung wird sein, dass du nicht mehr kämpfen und nicht mehr versuchen musst, die Dinge um dich herum zu kontrollieren. Ich werde mit dir tun, was mir gefällt – nicht mehr und nicht weniger. Wenn du bei mir bist, wirst du keine Vorschläge machen oder entscheiden, wie ich dich berühren oder mit dir spielen soll. Ich bin nicht dazu da, dir sexuell zu Diensten zu sein. Wenn du das willst, passen wir nicht zusammen, und du solltest dich nach einer anderen Mistress umsehen.

Wenn überhaupt etwas zwischen uns läuft, dann nur, weil du dich von deinen schwanzorientierten Machofantasien löst und mir gestattest, dich zu einer ganz neuen Erfahrung von Pleasure zu führen, die du dir jetzt noch gar nicht vorstellen kannst. Ich bin absolut in der Lage, das zu tun – aber dafür musst du dich mir vollständig unterwerfen. Ich weiß, was du brauchst. Ich werde dich nicht verletzen. Ich biete dir das Vergnügen, mir die volle Kontrolle zu überlassen. Wenn du das kannst, werden wir viel Spaß miteinander haben. Wenn du allerdings darauf bestehst, mir sagen zu müssen, was du zu brauchen glaubst, bin ich nicht interessiert. Genieße es. Dies ist dein erster Vorgeschmack auf weibliche Dominanz.

Liebe Mistress,

erst vor einem Tag haben wir uns das erste Mal getroffen, und schon habe ich dich mehrere Male beleidigt. Das zeigt dir, wie wenig tauglich, wie unzureichend und unerfahren ich bin. Zutiefst bescheiden möchte ich mich für mein Fehlverhalten und die Umstände, die ich dir gemacht habe, entschuldigen.

Ich weiß, dass ich mich meines Stolzes und meiner Arroganz entledigen muss. Das ist jedoch nicht einfach, und ich bin dir sehr dankbar, dass du mich korrigierst und mir etwas beibringen möchtest. Ich weiß, dass du streng sein musst, um lieb zu sein. Du hattest jedes Recht, mich für meine Impertinenz zu tadeln. Alles, was ich tun kann und werde, ist, unterwürfig jegliche Behandlung zu akzeptieren, die du für angemessen hältst. Ich will nur deinen Anweisungen folgen und dich zufriedenstellen.

Ich wünsche mir nur, dein Boy zu sein, und strebe nach absoluter Unterwerfung. Ich gebe mein bloßes Selbst, meinen Körper und meinen Geist in deine Hände. Ich bin mir bewusst, dass es mir nicht möglich ist, diesen Grad der Unterwerfung alleine zu erlangen. Das steht einfach nicht in meiner Macht. Nur du – und du allein – kannst mich dorthin führen. Wie kann ich wissen, was ich brauche? Ich bin nur ein einfacher Junge voller törichter Begierden und Wünsche. Mein sehnlichster Wunsch ist es, meiner Mistress zu dienen und sie zufriedenzustellen. Wie du mit Recht gesagt hast, bist du es, die weiß, was ich brauche. Und ich muss lernen, mich dir ganz zu geben, wieder und wieder. Ich werde mein Bestes tun, brauche aber deine Hilfe und deine korrigierende Hand. Bitte tu, was immer du für notwendig hältst, um mich deinen Wünschen gemäß zu dem Boy zu formen, den du besitzen willst.

Lieber Billy,
deine Mail heute Morgen hat mich sehr glücklich gemacht. Wie sich herausgestellt hat, kannst du ja doch

ein lieber Junge sein (mit entsprechendem Training natürlich!). Ich freue mich, dass du zu begreifen beginnst, wonach ich suche. Mir schwebt ein Boy vor, der sich mir ganz überlässt und völlig darauf vertraut, dass ich weiß, was zu tun ist. Ein Boy, der es mir erlaubt, ihn zu gestalten und zu formen und ihn zu bestrafen, wenn er meinen Befehlen nicht folgt. Es gibt so vieles, das ich dich lehren möchte – vorausgesetzt, du kannst dieser Boy sein. Jetzt gerade hätte ich dich gerne nackt vor mir, auf Knien, mit einem Hundehalsband. Ich würde dich an kurzer Leine halten und dein Gesicht in meine Vulva drücken. Du müsstest mich zu meinem ersten Orgasmus des Tages lecken. Dann würde ich dich übers Knie legen und deinen festen kleinen Arsch so lange versohlen, bis du mich anflehtest aufzuhören. Du bist ein unartiger Junge, und ich werde dir so lange den Hintern versohlen, bist du gelernt hast, mir in allem zu gehorchen.

Vor einigen Jahren, bevor mein zweiter Mann und ich uns trennten, hatte ich eine Online-Affäre mit einem jungen Burschen, der mein Interesse an sexueller Dominanz geweckt hat. Ich habe den jungen Mann zwar nie persönlich getroffen, doch hat mich unsere Online-Korrespondenz tiefer und tiefer auf völlig neues erotisches Terrain geführt. Ich lebte immer noch mit meinem Ehemann unter einem Dach, ein Sexleben zwischen uns gab es allerdings schon lange nicht mehr. Und das nach Jahren gemeinsamen sexuellen Vergnügens voller Liebe. Wir konnten einfach keine Verbindung mehr zwischen uns schaffen und waren beide verletzt und enttäuscht. Wir führten Gespräche ohne Ende, suchten einen Therapeuten auf, lasen einen Ratgeber nach dem anderen, besuchten

Seminare – und hatten am Ende doch keine Ahnung, wie wir unsere Schwierigkeiten lösen sollten. Was uns in jüngeren Jahren so leicht zugefallen war, wog nun so schwer und machte uns so traurig. Wir kamen darüber überein, uns gegenseitig mehr Raum zu geben. Wir wollten uns anderen Dingen öffnen und unsere Lust außerhalb der Beziehung entdecken. Für ihn war es die erotische Massage, bei der er fand, was er suchte; für mich war es das Internet.

Mein Abenteuer begann, als ich eines Tages das Internet nach den Profilen jüngerer Männern durchstöberte. Ich hatte mein eigenes Profil mit Foto auf eine respektable Date-Website gestellt und fand langsam Freude an dieser neuen Art, Männer kennenzulernen. Viele Frauen melden sich auf diesen Seiten an, weil sie die Liebe ihres Lebens suchen. Ich hatte etwas ganz anderes im Sinn. Ich wollte chatten, flirten, spielen und mich endlich wieder sexy fühlen. Ich suchte Erlösung von der sexuellen Sackgasse zu Hause. Ins Internet zu gehen und dort mit Fremden zu chatten, fiel mir nicht schwer. Ich fühlte mich sicher, schließlich lief ja alles anonym ab. Ich musste weder höflich sein noch heiß aussehen noch das Richtige sagen. Es war ein Spiel – ein Spiel, das mir gefiel, mit allem, was es zu bieten hatte.

Ich stieß auf einen Typen mit dem Spitznamen Mommy's Boy. Ein süßer, unschuldig aussehender 20-Jähriger, der eine ältere Frau zum Spielen suchte, eine Mommy. Einige Frauen finden das wahrscheinlich ziemlich abstoßend, doch zu meiner eigenen Überraschung machte mich das definitiv an. Ich war neugierig, wie sich das Spiel entwickeln würde und ob ich es heiß fand oder nicht.

Damals hatte ich auf diesem Gebiet noch keine Erfahrung und war unerwartet aufgeregt bei dem Gedanken daran, mit diesem Jungen online zu spielen. Ganz offensichtlich war er nicht wirklich ein Junge und ich bestimmt nicht seine Mami. Aber die Idee, uns auf dieses unartige Eltern-Kind-Spiel einzulassen, gefiel uns beiden. Außerdem gibt mir der Machttausch in einem solchen Spiel einen Kick. Wer weiß schon, warum ihn was anturnt? Lust ist Lust, die muss man nicht bis ins Kleinste psychologisch auseinandernehmen. Wir hinterfragten nicht, was wir da taten. Es war einfach geil, und es machte mich an. Wir fühlten uns nur beide unwiderstehlich zu dem hingezogen, was, wie ich heute weiß, *age play* heißt – das erotische Rollenspiel mit dem Alter.

Er machte den ersten Zug. Nach ein paar angenehm prickelnden Chats und Mails schickte er mir drei Nahaufnahmen seines erigierten Schwanzes. Im Hintergrund war sein Computer mit meinem Profilfoto auf dem Bildschirm zu sehen. In der ersten Nahaufnahme war sein Schwanz hart und geschwollen und kurz davor abzuspritzen. In der zweiten und dritten hatte er ejakuliert, und sein Schwanz war glitschig und nass und voller weißem Saft, während man im Hintergrund immer noch mein freundliches Gesicht auf dem Computerbildschirm sah. Seine Dreistigkeit verschlug mir den Atem. Es war so pornografisch und trotzdem so persönlich. In meinem Körper stieg eine Hitze auf, die ich nie zuvor gekannt hatte. Ich wollte unbedingt mehr von diesem Spiel. Von Heroin abhängig zu sein, muss sich ähnlich anfühlen.

Mein kleiner Junge lebte Kilometer weit weg in einer anderen Stadt. Er studierte an einer deutschen Universität und machte gerade seinen Abschluss in Physik. Statistiken zufolge sind Physiker ganz besonders geil und pervers. Das stimmt wirklich. Wenn er nicht nach Hause in die Abgeschiedenheit seiner eigenen vier Wände konnte, setzte er sich in die Unibibliothek, packte seinen Schwanz unter dem Schreibtisch aus und ging online mit Mommy. Wenn es allerdings wirklich heiß wurde und er schließlich auch ejakulieren wollte, sauste er doch lieber nach Hause und widmete sich dort seinem steifen Schwanz.

Wer noch nie Online-Sex hatte, wird nur schwer begreifen, wie aufregend das für beide Partner sein kann. Offensichtlich befriedigt er auf einer ganz anderen Ebene als intimer physischer Sex. Man bekommt keinen Kuss auf die Lippen und keinen Schwanz in die Möse. Für mich war es, als entdeckte ich plötzlich ein neues Zimmer in einem Haus, in dem ich mein Leben lang gewohnt hatte. Teile meiner dunkleren Seiten traten mühelos an die Oberfläche. Ich konnte ganz spontan so dreckig sein, wie ich wollte, ohne mir Gedanken darüber zu machen, ob das nun angemessen oder politisch korrekt war. Die Tatsache, dass mir die Person am anderen Ende der Leitung völlig fremd war, machte das Ganze nicht nur heiß, sondern auch sicher. Ich konnte Dinge sagen und tun, die ich nie zuvor gesagt oder getan hatte. Und die Lust und Aufregung, die meinen Körper überschwemmten, fühlten sich ganz anders an als alles, was ich in *echten* sexuellen Kontakten bislang erlebt hatte. Emotional wollte man nichts voneinander. Man hatte keine Angst, etwas falsch zu machen. Es gab nur die Lust des Augenblicks. Außerdem machte es mir unglaublichen Spaß, ungestraft diese wirklich unartige Rolle zu spielen. Es erinnerte mich an die Spannung aus Kindertagen, wenn ich mich hemmungslos einem fantastisch kreativen Spiel hingegeben hatte. Als Erwachsener muss man immer kalkulieren, bewerten, abwägen, messen. Im *age play* mit Mommy's Boy tat (schrieb) ich, was mir gerade in den Sinn kam. Ich ließ die manipulativsten, missbräuchlichsten, unangemessensten Aspekte meiner dunklen Seite zum Vorschein kommen. Und ich filterte nichts.

Waren wir online, wechselte ich sofort zu meiner autoritären, wenngleich liebevollen mütterlichen Stimme:

Klettere auf meinen Schoß und bleib wie ein guter Junge eine Weile still sitzen.

In unserem Spiel nimmt meine Stimme jetzt einen eher unartigen als mütterlichen Ton an. Ich tue etwas, das ich im wirklichen Leben nie getan habe. Ich spreche das Unaussprechliche aus. Ich bin streng, ich kommandiere sogar herum. Ich befehle ihm zu tun, wie ihm geheißen. Ich fühle mich unwiderstehlich von diesem abartigen Spiel angezogen und bin überraschend aufgeregt. Die sexuelle Energie überwältigt mich. In meinem Magen baut sich Spannung auf, meine Möse pulsiert verlangend. Masturbieren will ich nicht – zumindest nicht im Moment, nicht zu Beginn der Szene. Dieses Angemachtwerden fühlt sich anders als *normaler* Sex an. Beängstigender. Eher wie Hunger, eine tiefe Sehnsucht, die durch einen einfachen Orgasmus nicht befriedigt werden kann. Ich will diese Spannung festhalten, will sie nicht verlieren, sie irgendwie aufrechterhalten. Von meinem Magen breitet sich das Gefühl in meinem ganzen Körper aus. Ich bin mitten in einem Waldbrand der

Lust. Noch nie habe ich eine derartige sexuelle Erfahrung gemacht. Die Grenzen lösen sich auf, und je schmutziger ich werde, desto besser gefällt es uns beiden.

Sein Schwanz ist kurz vorm Platzen. Er weint und jammert und bettelt darum, dass er ejakulieren darf. Ich lasse ihn warten. Er will zwischen meine Beine und mich lecken, aber das erlaube ich ihm nicht. Stattdessen drehe ich ihn auf meinem Schoß um und massiere seinen Hintern, seinen prallen kleinen Arsch. Das gefällt ihm, er stöhnt vor Vergnügen. Er fragt sich, ob ich ihm auch Dinge in den Hintern stecken werde. Vielleicht später, wenn er ein wirklich guter Junge ist.

Ich verspreche, ihn mit meinem Strap-on-Dildo zu ficken. Ich mache ein Foto von meinem Dildo und schicke es ihm. Er wird es bestimmt mögen, wenn ich damit in ihn eindringe, genau wie die großen Jungs. Aber er muss artig sein und warten, bis Mami entscheidet, dass er so weit ist. Nachdem ich ihn lang genug gequält habe und mir die Nippel vom Kneifen wehtun, lasse ich ihn auf meinem Schoß kommen. Ich gebe ihm einen Kuss, wir verabschieden uns. Ich gehe in mein Schlafzimmer, stöpsle meinen Vibrator ein und erlöse mich in einem fast schmerzhaften Orgasmus.

Eine Zeit lang war ich von unserem Spiel regelrecht besessen. Die Online-Romanze hielt ein paar Monate, ging jedoch leider zu Ende, als meine Grenzen überschritten wurden. Er wollte in meine Stadt ziehen, bei Mami wohnen und das Spiel *in Wirklichkeit* spielen. Ich muss wohl nicht sagen, dass mir das nicht im Geringsten passte. Keine Chance.

Jeder, der schon mal in einem Chatroom gespielt hat, weiß, dass zwischen dem Chatten über Sex und Sex wirklich zu haben ein riesiger Unterschied besteht. Beide Arten von Sex sind real, aber im Chatroom hat man hundertprozentig Safe Sex, nicht nur in physischer Hinsicht.

Ich wollte diesen Mann nicht wirklich treffen. Ich wollte ihm nicht wirklich Dinge in den Hintern stecken oder irgendeine andere Form von Intimität mit ihm erleben. Ich wollte davon fantasieren, es im Cyberspace erleben, nicht in meinem Schlafzimmer. So intim das Spiel auch immer werden mag: Die Person am anderen Ende der DSL-Leitung ist ein absolut Fremder. Gerade deswegen ist das Spiel ja so heiß. Alltag in der echten Welt ist Gift für diese Art von Abenteuer.

Außerdem ging meine Ehe etwa zu dieser Zeit endgültig in die Brüche, und ich war vollauf damit beschäftigt herauszufinden, was ich nun mit mir anstellen und wie ich mit der schmerzhaften Trennung umgehen sollte.

Leider fühlte sich mein Chatfreund sehr verletzt und abgewiesen, wie es für kleine Jungs nun mal typisch ist. Doch die Erfahrung hatte mich erstaunlich viel über einige meiner dunkelsten verborgenen Sehnsüchte gelehrt. Ich hatte die Spannung und den Reiz weiblicher sexueller Dominanz für mich entdeckt, und das sollte mein Leben schließlich für immer verändern.

Als dann Billy kam und ich herausfand, dass er sich ebenfalls für weibliche Dominanz interessierte, hielt ich dies für ein Geschenk der Göttin und nahm es mit der größten Begeisterung an.

Lieber Billy,

unten findest du eine Liste der Anforderungen, die du erfüllen musst, wenn du in meine Dienste treten willst. Die einzelnen Punkte sind nicht verhandelbar. Wenn du meinen Regeln folgen kannst und wirst, ziehe ich es in Erwägung, dich mir zum Boy zu nehmen.

• Sei immer pünktlich, wenn du zu mir kommst. Bist du auch nur fünf Minuten zu spät, wird dir deine Mistress nicht die Tür öffnen.

• Du betrittst meine Wohnung in völligem Schweigen und hältst den Blick gesenkt. Du kannst mir ein kleines Geschenk mitbringen als Zeichen deiner Anbetung und Wertschätzung.

• Knie sofort nach dem Betreten der Wohnung nieder und küsse die Füße deiner Mistress. Warte stumm auf ihren ersten Befehl.

• Geh ins Badezimmer, dusche und wasch dir die Haare. Säubere auch deinen Arsch gründlich, damit die Mistress in dich dringen kann, falls und wann immer es ihr gefällt. Halte deinen Arsch sauber für deine Mistress. Dies ist ein Zeichen deiner Hingabe.

• Du gestattest es der Mistress, dir das Lederhalsband anzulegen. Dies steht symbolisch für deine absolute und völlige Unterwerfung.

• Erwarte nichts und sei dankbar für das wertvolle Geschenk ihrer Aufmerksamkeit.

• Die Mistress wird dich fesseln, knebeln, schlagen und auspeitschen, wenn sie es wünscht. Die Mistress wird in dich dringen, wenn sie es wünscht. Die Mistress wird dir einen Anal-Plug in den Arsch stecken, wenn sie es wünscht. Die Mistress wird dich mit in ihr Bett nehmen und dich ficken, wenn und falls sie es wünscht.

- Gelegentlich mag die Mistress dir erlauben, ihre Möse zu lecken. Du wirst sie lecken, bis sie dir sagt, dass du aufhören sollst. Dies ist eine Belohnung für gutes Benehmen und deine Hingabe.
- Wenn du ohne Erlaubnis ejakulierst, wirst du für den Ungehorsam bestraft.
- Wenn die Mistress vollständig befriedigt ist, wird sie dir das Halsband abnehmen, was bedeutet, dass du aus ihrem Dienst entlassen bist. Du darfst duschen oder der Mistress bei einer Tasse Kaffee Gesellschaft leisten, bevor du gehst.

Mistress M.

Die meisten Menschen können es sich kaum vorstellen, dass ein Mann solchen Bedingungen zustimmt – Femdom ist schließlich auch nicht jedermanns Sache. Es muss schon ein hochentwickelter Mann sein, der die Schönheit der fließenden, flexiblen und veränderlichen Geschlechterrollen zwischen Mann und Frau begreift.

Wenn wir uns ängstlich an die Rolle klammern, die die Gesellschaft uns zugedacht hat – sei sie nun maskulin oder feminin –, laufen wir Gefahr, unflexibel und langweilig zu werden. Ich als Frau etwa bin nicht *nur* dominant, wenn es um den Ausdruck meiner weiblichen Energie geht. Ich schätze die Freiheit, entscheiden zu können, was in einer bestimmten Situation mit einem bestimmten Menschen das Richtige für mich ist. Ich liebe es zu dominieren, aber ebenso liebe ich es, mich hinzugeben. Beides ist sehr erfüllend und kreativ für mich. Und ich mag Männer, die diese Freiheit im Ausdruck ihrer Sexualität ebenfalls schätzen.

Wenn Männer darauf bestehen, ausschließlich ihre Machodominanz auszuleben, lässt dies nur einen sehr begrenzten Spielraum an erotischer Erfahrung zu. Das kann sogar richtig langweilig und vorhersagbar werden. Für den Machohengst stellen mächtige Frauen eine Bedrohung dar, die sie entweder bekämpfen, leugnen oder vor der sie fliehen müssen. Ebenso wichtig wie es für eine Frau ist, ihre innere Quelle der Kraft und Dominanz zu entdecken, ist es wichtig für Männer zu entdecken, wie es sich anfühlt, loszulassen und sich den Wünschen eines weiblichen Partners unterzuordnen. Glücklicherweise gibt es Männer, die die Erfahrung der tiefen Hingabe machen möchten. Sie empfinden es als Last, beim Sex immer die Verantwortung zu tragen, immer die guten Ideen haben zu müssen, immer derjenige zu sein, der den Sex initiiert. Für zwei wache und aufmerksame Partner ist der Tummelplatz riesig und die Erotik nicht auf ein paar müde alte sexuelle Klischees beschränkt.

Mein Boy Billy ist glücklich verheiratet und führt ein gutes Familienleben mit zwei süßen Kindern. Er hat keinerlei Interesse daran, dieses Idyll zu gefährden. Die meisten Menschen, die eine Langzeitbeziehung pflegen, sitzen im selben Boot. Auf der zwischenmenschlichen Ebene scheint alles bestens zu sein. Aber in sexueller Hinsicht sehnen sie sich nach Erfahrungen und Gefühlen, die sie aus dem einen oder anderen Grund nicht verwirklichen können. Manche Leute scheinen kein Problem damit zu haben, sexuell gelangweilt, unterfordert und / oder unterfickt zu sein. Was Billy jedoch betraf, so verfolgte ihn seine Sehnsucht nach absoluter Unterwerfung, seine Fantasie, von einer Frau besessen zu werden, sein Wunsch, eine Frau als Göttin anzubeten und ihr zu dienen. Eine solche Gelegenheit wünschte er sich schon seit vielen Jahren, wobei er allerdings glaubte, eine solche Beziehung könne nur in seiner Fantasie existieren. Aber es ließ ihn einfach nicht los, und eines Tages versuchte er ganz konkret, seinen Traum in die Wirklichkeit umzusetzen. Glücklicherweise knackte er den Jackpot, indem er mich traf.

Mein liebster Boy,
du bist ein geiler Junge! Oh, wie ich es liebe, mir vorzustellen, wie du meine Möse leckst. Aber das muss warten, bis wir uns treffen. Heute gebe ich dir einen Auftrag: Ich will, dass du dir heute Nachmittag zwischen 16 und 18 Uhr freinimmst und dir ordentlich deinen unartigen Jungsschwanz reibst. Ich will, dass du kommst, während du an deine Mistress denkst, die dich bestraft, indem sie dir den Arsch mit der bloßen Hand versohlt. Dann schickst du mir eine SMS, in der steht, dass du getan hast, was ich dir befohlen habe, und dass du all deinen Saft für deine unwiderstehliche Mistress verspritzt hast. Ich habe an diesem Nachmittag zwar eine geschäftliche Besprechung, warte aber auf Nachricht von meinem ungezogenen Jungen. Ich ergreife Besitz von deinem Schwanz und all dem Jungssaft darin. Du wirst deiner Mistress deinen Saft *schenken* als die Würdigung, die sie verdient. Wenn wir uns dann später treffen, werde ich dabei zusehen, wie du das auf deinen Knien vor meinen Augen machst. Bis dahin stelle ich es mir nur vor. Ich will, dass du mir ein Foto von deinem steifen, erigierten Schwanz schickst. Mit der Zeit wird das alles allein mir gehören. Ich warte heute Nachmittag darauf, von dir zu hören, wie du für deine Mistress gewichst hast.

Zum verabredeten Zeitpunkt kam das erste von vielen Fotos, und so nahmen die Dinge ihren Lauf.

Sechs Monate später, irgendwann im März …
Er brachte die Zutaten für ein Erdbeerdessert mit. Die Eier stellte er in die Küche auf die Arbeitsplatte neben der Spüle, die Erdbeeren legte er in einer Mischung aus Zucker und Cointreau ein. Denn manchmal kocht er für seine Mistress. Stellen Sie sich meine Überraschung vor: Er ist nicht nur ein gehorsamer und glühender Liebessklave, sondern auch ein fantastisch kreativer Koch! An den Tagen, an denen er das Mittagessen zubereitet, schickt er mir vorher per SMS das Menü zum Absegnen. Dann geht er einkaufen, bringt alle Zutaten zu mir und stellt sie wortlos in der Küche ab, bevor er ins Badezimmer geht, um zu duschen und sich zu rasieren.

Er kocht zwar nicht immer für mich, aber wenn, dann ist er dabei immer nackt. Haben Sie schon mal einen Mann gesehen, der mit einem Ständer kocht? Glauben Sie mir: ein toller Anblick! Wenn er mit besonders komplizierten Vorgängen – etwa dem Zubereiten einer perfekten Sauce hollandaise über dem heißen Wasserbad – beschäftigt ist, senkt sich sein Schwanz auf Halbmast. Ich stehe hinter ihm und sehe ihm über die Schulter. Meine Anwesenheit bringt seinen Schwanz wieder zum Stehen. Er liebt die Erniedrigung, nackt zu sein, während ich vollständig bekleidet bin. Und ich liebe es, seinen wohlgeformten Körper zu betrachten, seine muskulösen Arme und Beine, seinen festen kleinen Arsch. Es regt meinen Appetit auf das, was nach der Mahlzeit folgt, an. Ich überlasse ihn den Aufgaben in der Küche und ziehe mich aufs Sofa zurück, von wo aus ich einen guten Blick auf seinen Hintern habe. Ich lege die Füße hoch und beginne, mich zu entspannen. Er wuselt herum, öffnet und schließt den Ofen, macht den Dunstabzug an und aus. Schließlich deckt er den Tisch mit meinem besten weißen Porzellan und einem langstieligen Weinglas – nur ein Gedeck, denn am Tisch isst nur die Mistress.

Er nickt mir zu, ich gehe hinüber und nehme Platz. Er gießt mir ein Glas Weißwein ein und setzt sich auf seinen Platz – auf den Boden neben meinem Stuhl. Er trägt nur sein Lederhalsband, das ich ihm umgelegt habe, als er zu kochen begann. Still sieht er mir zu, während ich den Wein koste und Gabel und Messer zur Hand nehme. Ich nehme mir einen Moment Zeit, um mir den so liebevoll angerichteten Teller vor mir anzusehen. Es gibt frischen Spargel mit cremiger gelber Sauce hollandaise und zwei kleinen Stücken gegrilltem Rinderfilet. Auch ein paar gegrillte Cocktailtomaten liegen auf dem Teller, weil er weiß, dass ich es gern ausgewogen und farbenprächtig habe. Ich bin sehr zufrieden und lächle meinem Boy zu. Er hält den Blick gesenkt, sein Schwanz allerdings befindet sich immer noch in Habachtstellung.

Er hat mir einmal gesagt, dass er in diesen Augenblicken am glücklichsten ist. Er betet mich an, und am meisten erfüllt es ihn, wenn er mir auf eine sehr konkrete und greifbare Art und Weise dienen kann. Es turnt ihn an, von mir versklavt zu werden und mir zu Füßen zu sitzen. Wie kann man so etwas erklären? Ich versuche es nicht einmal. Ich genieße nur seine tiefe Hingabe und seine Freude, in meinen Diensten zu stehen.

Ich lege meine Gabel nieder. Ich streichle sein langes dunkles Haar. Meine Hand wandert zwischen seine Beine und ergreift seinen Schwanz. Er schließt die Augen und genießt die Berührung. Ich nehme meine Gabel wieder auf und fahre mit dem Essen fort. Er sitzt ganz still und aufmerksam neben meinem Stuhl, und ich weiß, dass sowohl die Aufmerksamkeit, die ich seinem Schwanz widme, als auch die, die ich seinem Essen widme, ihn sexuell erregen. Ich füttere ihn mit winzigen Häppchen von meinem Teller, esse jedoch das meiste selbst. Obwohl er am Tisch nie bettelt, behandle ich ihn gern wie einen kleinen Hund; ich streichle ihn, liebkose ihn, gebe ihm Leckerli oder lasse ihn einfach still da sitzen. Ich schicke ihn in die Küche, damit er seine Hundeschüssel mit Wasser füllt. Er stellt die Schüssel unter den Tisch, und von Zeit zu Zeit erinnere ich ihn daran, daraus zu trinken. Vor Kurzem hat meine Schwiegertochter die Schüssel entdeckt und mich gefragt, ob ich mir ein Haustier zugelegt hätte. Schnell ließ ich mir die Ausrede einfallen, die Schüssel sei nur für Gasttiere.

Wenn mein Magen voll und mein Teller fast leer ist, schneide ich das restliche Fleisch in kleine Stückchen und stelle den Teller auf den Boden. Er schleckt die Reste auf und macht den Teller mit der Zunge sauber. Dann setzt er sich auf die Fersen. Liebevoll säubere ich seinen Mund mit meiner gestärkten weißen Serviette. Ich küsse ihn auf die Stirn, halte seinen steifen Schwanz einen Augenblick in meiner Hand und flüstere ihm zärtlich ins Ohr: *Braver kleiner Hund.*

Unsere Treffen haben mittlerweile eine ritualisierte Form angenommen. Wir treffen uns einmal in der Woche, wenn unsere Terminkalender das zulassen, meist an einem Tag, an dem er aus dem Büro verschwinden kann, ohne dass es jemandem auffällt. Er hält sich immer strikt an unsere ursprüngliche Vereinbarung. Er ist pünktlich. Er betritt meine Wohnung, fällt ohne ein Wort zu sagen vor mir auf die Knie und küsst voller Anbetung meine Füße. Manchmal schenkt er mir eine kleine Schachtel Pralinen aus meiner Lieblingsconfiserie, meist jedoch eine einzelne rote Rose, die mich die ganze restliche Woche an seine liebevolle Hingabe erinnert. Manchmal stelle ich fest, dass ich ihn furchtbar vermisst habe. Ich bin hungrig nach ihm. Mein Herz öffnet sich, und ich erlaube es ihm, sich an mich zu lehnen, während ich sanft seinen Kopf streichle und ihm mit den Fingern durchs Haar fahre. Niemals sagen wir in diesen kostbarsten Augenblicken unseres Zusammentreffens profane Dinge zueinander. Wir sprechen überhaupt nicht. Wir schweigen und fühlen einander. Nachdem ich ihn mit jedem einzelnen Atemzug in mich aufgenommen habe, entlasse ich ihn ins Bad. Denn schmutzig sollten nur seine Gedanken sein.

Wenn er nicht kocht, kommt er direkt zu mir ins Wohnzimmer. Ich sitze immer auf dem Sofa und warte auf ihn. Die Jalousien habe ich heruntergelassen, der Raum wird sanft von Kerzenlicht beleuchtet. Nackt stellt er sich vor mich hin. Ich sitze einige Minuten ganz still da und sehe ihn nur an. Diese ersten Momente sind durch eine gewisse Spannung geprägt, sein Schwanz zeigt mir, dass er ungeheuer erregt ist. Er steht da in all seiner Pracht. Und ich warte. Ich tue nichts. Ich sage nichts. Ich lasse ihn einfach da stehen. *Sieh mich nicht an. Augen auf den Boden*, sage ich, wenn er es hin und wieder vergisst. Ich betrachte meinen köstlichen Boy in allen Einzelheiten. Sein Haar ist noch feucht vom Duschen, auf seine breiten Schultern tropft Wasser. Sein Körper ist gebräunt, bis auf seinen weißen Hintern, wo die Badehose ihn im Sommer vor der Sonne geschützt hat. Seine Muskeln sind definiert, sein ganzer Körper ist durchtrainiert. Wo er trainiert, weiß ich nicht, das will ich auch gar nicht wissen, aber er ist immer in ausgezeichnetem physischem Zustand. Also lasse ich mir Zeit und bewundere ihn. Meinen Boy.

Wenig später stehe ich auf und lege ihm das Lederhalsband an. Diese symbolische Geste drückt eine enorme Macht aus. Das Band besteht aus Leder und Messing, ich habe es vor Jahren in London gekauft. Ich bewahre es in meiner Wohnung auf, es ist nur für ihn. Wenn ich es ihm um den Hals lege, nehmen wir offiziell unsere vereinbarten Rollen ein. Es demonstriert seine Bereitschaft, sich mir als seiner angebeteten Mistress völlig zu unterwerfen. Wenn ich es ihm wieder abnehme, kehren wir in unser alltägliches Leben zurück, in dem wir auf einer ganz anderen Ebene miteinander kommunizieren. Doch in der Zeit, in der er das Halsband trägt, gehört er mir, und jede meiner Launen ist ihm Befehl.

Nun habe ich den Wunsch, ihn zu streicheln und zu berühren. Ich will dieses maskuline Fleisch spüren. Ich will es riechen, lecken, schmecken. Ich sonne mich in dem Wissen, mit ihm tun zu können, was immer ich will. Nichts steht außerhalb meines Befehls. Alles ist erlaubt. Und dieses Wissen entspannt mich und führt dazu, dass ich tatsächlich sehr wenig tue. Er steht vor mir und zeigt sich mir ganz. Ich gehe langsam um ihn herum. Ich schnuppere an seinem

Nacken oder an seiner Achselhöhle. Ich lecke an seinem Schulterblatt. Ich nehme seinen Schwanz in die Hand und drücke ihn, fühle ihn, messe, wie hart er ist. Manchmal befindet er sich noch in der Außenwelt, aus der er kam, kann sich noch nicht ganz von ihr lösen. Mit den Gedanken immer noch bei dem Müll, mit dem er sich den ganzen Tag beschäftigt hat. Männer sind so. Manchmal können sie den verdammten Computer im Kopf einfach nicht abschalten. Aber das hier ist schließlich keine Therapiesitzung, in der er über sein Leben da draußen nachgrübeln könnte. Es ist vielmehr eine Gelegenheit, das alles loszulassen und mit mir, seiner Mistress, in der Gegenwart zu sein, auch wenn das schwierig ist. Ich spüre seinen inneren Aufruhr, seine Ablenkung, und weiß intuitiv, was ich zu tun habe. Ich nehme die Augenbinde zur Hand, die ich neben dem Sofa bereitgelegt habe, verbinde ihm die Augen, und in dieser Dunkelheit kommt er endlich zur Ruhe.

Neben dem Sofa steht ein niedriger Kaffeetisch, auf den ich vorher einige Gerätschaften gelegt habe. Dinge, die ich beim Spielen vielleicht benutzen möchte. Ich besitze beispielsweise mehrere einzigartige Peitschen und Stöcke, die ich im Laufe der Jahre gesammelt habe. Sie kamen nicht oft zum Einsatz, bevor ich meinen Boy traf, jetzt aber bereitet es mir das größte Vergnügen, sie bei ihm anzuwenden. Außerdem habe ich noch eine Tube Gleitmittel, ein Paar schwarze Einmal-Latexhandschuhe sowie mehrere Anal-Plugs und Cockrings bereitgelegt. Die Auswahl variiert. Manchmal benutze ich diese Dinge gar nicht, habe sie aber gern in meiner Nähe, sollte mich die Lust überkommen.

Er steht bewegungslos vor mir, seine Augen sind immer noch mit einer schwarzen Satinmaske bedeckt. Ich betrachte ihn noch einen Augenblick länger, bevor ich ihn sanft an den Haaren in eine kniende Position dirigiere. Seine Bewegungen sind ein wenig ungelenk, weil er nichts sehen kann, während ich ihn über das Sofa beuge. Jetzt ist er in der Position, in der ich ihn haben möchte: Sein Oberkörper ist abgestützt, und er kann sich auf den Sofakissen entspannen. Er weiß, was jetzt kommt. Ich bringe mich hinter ihm in Stellung und schwelge im Anblick seines wunderschönen Arschs, den er mir präsentiert. Ich streichle ihn, vom Kopf den ganzen Rücken hinunter. Ich ziehe seine Arschbacken auseinander und starre auf das Loch. Ich habe ihm beigebracht, seinen Arsch penibelst sauber für mich zu halten. Ich will Zugang zu allen Teilen seines Körpers haben, auch zu diesem geheimen Ort. Und obwohl ich so etwas in meinem früheren Leben als gute Ehefrau und Mutter nie getan habe, bereitet es mir jetzt das allergrößte Vergnügen. Und glauben Sie's oder nicht: Sein Arsch ist wirklich *schön*. Später werde ich etwas in ihn hineinstecken, aber jetzt noch nicht. Geduld ist eine Tugend.

Ich beginne das Spiel, indem ich ihm so hart ich kann auf den Arsch schlage. Den meisten SM-Anleitungen zufolge soll man mit dem Schlagen langsam beginnen und die Pobacken erst aufwärmen, bevor man mit größerer Intensität vorgeht. Das gefällt mir nicht, und so tue ich es auch nicht. Die Standardpraktiken langweilen mich. Ich gehe nach der Schockmethode vor. Ich fange mit einem hübschen heftigen Schlag an, der einen roten Fleck in Form meiner

Hand hinterlässt. Das sieht toll aus und klingt auch toll. Menschliches Fleisch zu schlagen ist wie Beckenschlagen in einem Orchester. Wie er die Luft einzieht vor lauter Schreck und Schmerz, erregt mich enorm. Ich schlage ihn immer wieder mit der offenen Hand, bis mir plötzlich klar wird, dass er die Luft anhält. *Atme*, sage ich. Er stößt die Luft aus und atmet wieder ruhiger. *Ich will dich hören*, sage ich ihm. *Ja, Mistress*, antwortet er schwach. Ich fahre noch einen Augenblick fort und mache dann eine Pause, um mein Werk zu bewundern. Meine Hand brennt, und sein Hintern leuchtet in den schönsten Rottönen, was mich auf eine Schlampenart geil macht. Sanft streichle ich seine Pobacken und flüstere ihm tröstliche Worte ins Ohr. *Guter Junge. Du machst deine Mistress stolz.*

Ich lasse ihn eine Weile ausruhen. Meine Hand gleitet unter seinen Bauch, um seinen Schwanz zu fühlen. Er ist steinhart. Als ich ihn traf, mochte er Auspeitschen nicht allzu sehr. Er hatte einen geradezu jungfräulichen Arsch, der nie die Hand oder Peitsche einer Domina gekostet hatte. Zunächst machte ihn der Gedanke geil, sich mir zu unterwerfen, doch inzwischen, glaube ich, ist er richtig süchtig nach Bestrafung. Ist das nicht toll? Männer können tatsächlich etwas von uns lernen! Ich nehme meine Gerte zur Hand und trete etwas zurück, um mir ausreichend Platz zu verschaffen. Die Gerte ist ein wunderbares Instrument, etwas, das in keinem Frauenhaushalt fehlen sollte. Ein Vibrator, eine elektrische Zahnbürste und eine Gerte – unerlässliche Geräte für die aufgeklärte Frau von heute. Ich mag diese Art Peitsche, weil sie so schlank ist und trotzdem höllisch wehtut, wenn man sie mit Kraft anwendet. Ich möchte ihm zwar nicht zu viel Schmerz zufügen, doch ein bisschen Bestrafung baue ich wenn möglich gern ein.

Als jemand, der seit Jahren mit Energien arbeitet, kann ich sagen, dass das Auspeitschen ihm dabei hilft, in seinem Körper anzukommen. Es lenkt ihn von seinem Geist ab. Es hilft ihm dabei, sich, seinen Körper wirklich zu spüren. Also schlage ich ihn mit der Peitsche ein paar Mal auf beide Pobacken. Wieder muss ich ihn daran erinnern zu atmen. Es verleiht ungeheure Macht, den Hintern eines Mannes mit einer Peitsche zu bearbeiten. Ich spüre, dass er den Tränen nahe ist; bei jedem Hieb zuckt sein Körper heftig zusammen. Trotzdem hält er still und erträgt es, weil es der Wunsch seiner Mistress ist. Eine solche physische Macht habe ich nie zuvor erfahren; sie lässt mich bis ins Innerste erbeben und macht meine Möse heiß und feucht.

Dann mache ich eine Ankündigung: *Deine Mistress wird dir noch fünf harte Hiebe versetzen. Du zählst sie mit.* Er zählt von fünf rückwärts, während ich jeden Schlag auf diesen schon beunruhigend roten Arsch auskoste. Fünf, vier, drei … Zwischen den Hieben warte ich jeweils ein Weilchen, damit ihm das brennende Gefühl ins Bewusstsein dringen kann. Zwei, eins. Ich setze mich auf das Sofa, nehme ihn in die Arme und halte ihn. Ich nehme ihm die Maske ab, doch er hält die Augen geschlossen. Sein Körper ist von einer dünnen Schweißschicht bedeckt. Sein Puls rast. Er lässt sich ganz in meinen Schoß fallen, ohne jeden Widerstand. Ich streichle ihn und fahre ihm mit den Fingern durchs Haar. Sein Schwanz ist immer noch steif wie ein Schiffsmast, der Rest seines Körpers erinnert eher an eine nasse Nudel.

45

Er ruht sich in meinen Armen aus, während ich ihn weiter streichle. In diesem Moment werde ich von meinen Gefühlen beinahe überwältigt, ich bin fast zu Tränen gerührt. Mein Herz öffnet sich, ich fühle mich verletzlich. Ich fühle mich ihm auf eine Art und Weise verbunden, wie ich es zuvor bei keinem anderen Mann erlebt habe. Es klingt seltsam, aber es fühlt sich wie Liebe an.

Etwa drei Monate, nachdem wir uns kennengelernt hatten, gestand er mir zum ersten Mal, dass er sich in mich verliebte. Ich erholte mich immer noch von zwanzig Jahren Ehe, weshalb der Gedanke, dass Liebe sich in unsere Geschichte einschleichen könnte, mich stinksauer machte. Verheiratete Männer akzeptieren sehr schnell, dass sie zwei Frauen gleichzeitig lieben können. Er hatte also kein großes Problem damit. Er liebte seine Frau und er liebte seine Mistress, basta. Er fühlte sich in dem Arrangement sehr wohl.

Ich allerdings versuchte, das alles zu ignorieren. Ich konnte diese Art von Liebe nicht einordnen. Ja, ich war verrückt nach ihm. Ja, ich wollte ihn. Aber war das Liebe? Gab es einen Unterschied zwischen sich in jemanden *ver*lieben und jemanden lieben? Wenige Monate später wurde mir klar, dass man die tiefe Zuneigung und die Begierde, die ich für ihn empfand, tatsächlich als Liebe bezeichnen könnte. Sie war nur nicht so besitzergreifend, wie ich das aus alten Tagen kannte. Dieser Mann gehörte mir nicht. Er war nicht *meiner*. Wir spielten nur, dass er sich in meinem Besitz befindet, mein Sklave, mein Boy ist; doch wenn die Spielzeit vorbei ist, lasse ich ihn jedes Mal gehen. Ich sitze nicht neben dem Telefon und warte darauf, dass er anruft. Ich versuchte nicht herauszufinden, was er tat, wenn er nicht bei mir war. Ich versuchte nicht, seine Ehe zu sabotieren, damit ich ihn ganz für mich allein haben konnte. Nichts dergleichen kam mir je in den Sinn. Wenn er zur Tür hinausging, ließ ich ihn ganz gehen. Ich hätte ihn auch nie wiedersehen können. Er war weg, und ich widmete mich wieder meinem Alltagsleben. Genau wie er.

Als ich noch jünger war, war ich unglaublich eifersüchtig. Selbst wenn ein Mann nur daran gedacht hätte, mich mit einer anderen Frau zu betrügen, hätte dies meine Mordlust geweckt. Ich war ungeheuer besitzergreifend. Bei meinem Boy aber wusste ich von Anfang an, dass er mein Liebhaber sein würde, mein Spielzeug, sogar mein Freund – gehören würde er mir jedoch nie. Er war durch und durch mit jemand anderem verheiratet, und das war von Anfang an klar. Darüber machte ich mir nie Illusionen. Ich liebte es, in diesem Spiel die *andere* Frau zu sein.

Vielleicht wurde es deshalb so schwierig, als er begann, von Liebe zu sprechen. Es dauerte ein paar Monate, doch allmählich definierte ich Liebe für mich neu. Ich begann zu akzeptieren, dass Liebe viele Gestalten hat. Wir können verschiedene Menschen auf verschiedene Arten zu verschiedenen Zeiten lieben. Die besitzergreifende, ausschließliche, monogame Liebe war nicht mein Ding. War sie vielleicht nie. Das war nur die Liebe, die ich wie die meisten anderen Menschen auch bei meiner Sozialisierung gelernt hatte. Freiheit bedeutete jetzt für mich, ganz neue Kategorien entwickeln zu können. Mit der Zeit konnte ich vor mir selbst und ihm gegenüber zugeben, dass ich ihn zutiefst liebe. Diese Liebe kann jeden Moment zu Ende gehen – aber gilt das nicht für

das Leben insgesamt? Dinge gehen zu Ende. Irgendwann. Vielleicht liebe ich ihn am meisten, wenn ich
ihn großherzig gehen lassen kann.

Wir sitzen immer noch auf dem Sofa. Er hat den
Kopf in meinen Schoß gelegt, seine Atmung wird
langsam wieder normal. Als er sich beruhigt hat, ziehe ich sein Gesicht zu meinem. *Mein guter Junge! Deine Mistress ist stolz auf dich, wie du die Hiebe klaglos
hinnimmst. Zur Belohnung darfst du meine Möse lecken.*
Wortlos lässt er sein Gesicht unter meinen Rock gleiten und öffnet meine Schamlippen ganz sanft mit
der Zunge. Auch das habe ich ihm beigebracht. Er
war im Lecken zwar nicht ganz unerfahren, aber das
stand zu Hause offensichtlich nicht auf der Speisekar-
te. Also besserte ich seine Fähigkeiten ein wenig auf.

Irgendwann ging mir auf, dass Männer es lieben,
ihr Gesicht in eine warme, feuchte Möse zu stecken.
Einige Frauen glauben das nicht. Sie glauben, dass
ihre Möse abstoßend oder dreckig ist oder schlecht
riecht, und verbieten es den Männern, ihnen da
unten zu nahe zu kommen. Aber an diesem warmen feuchten Ort fühlt sich ein Mann, als wäre er
zu Hause angekommen. Dort begreift er, wer er ist.
Die schönste Belohnung für meinen Boy ist es, wenn
er zwischen meine Beine darf, um an der Quelle zu
beten. Zunächst benutzt er nur seine Zunge; er leckt
und erforscht und öffnet. Er ist zärtlich, aber hart-
näckig, und das fühlt sich wunderbar an. Da ich
schon sehr geil bin, fällt es mir schwer, nicht gleich
zu kommen. Er saugt mit genau dem richtigen Druck
an meinem Kitzler; das Blut strömt dahin, ich werde
immer heißer. Nach ein paar Minuten sage ich ihm:
Steck deine Finger in deine Mistress. Er zieht sofort den

Kopf zurück, sieht mir in die Augen und feuchtet seine Finger mit Spucke an. Dann versenkt er zwei Finger sanft, aber bestimmt in meiner hungrigen Fotze. Er weiß, wie man mit zwei Fingern umgeht. Einer ist für Anfänger – ich mag es fester. Manchmal brauche ich sogar drei. Ich entspanne mich und genieße und warte auf den ersten köstlichen Orgasmus, der meinen ganzen Körper erbeben und meine Beine und mein Becken zucken lässt. Oh, was für eine Freude! Dann leckt er weiter. Er saugt und streichelt und treibt mich von einem Orgasmus in den anderen, bis ich ihm schließlich sage, dass es genug ist.

Mein Ehemann ist Architekt. Von ihm lernte ich die Devise: Weniger ist mehr. Doch erst in meinen Domina-Spielen erfuhr ich die wahre Bedeutung dieses Ausdrucks. Bei meinen ersten Begegnungen mit SM machte ich einfach zu viel, ich arbeitete zu hart. Ich fühlte mich genötigt, den sich unterwerfenden Mann, der da vor mir kniete, konstant zu stimulieren. Ich dachte, ich sei verantwortlich für die erotischen Empfindungen, die ihm die Session verschaffte. Mittlerweile habe ich mich in meiner Rolle als Mistress entspannt und arbeite immer weniger körperlich hart und immer mehr mit der kontrollierenden Energie meines weiblichen Kerns. Ich verfolge kein bestimmtes Programm. Ich habe keinen Plan. Ich beobachte nur, wie ich mich fühle und was ich im jeweiligen Augenblick tun möchte. Ich warte auf die ruhige kleine Stimme in meinem Kopf, die mir sagt, welche lustvolle Aktion ich als Nächstes durchführen soll. In der Ruhe liegt die Kraft, in der gemessenen Reaktion, in einem einzigen Hieb oder in einer einzigartig zärtlichen Liebkosung. Weniger ist definitiv mehr.

Jahrelang hegte ich eine geheime Fantasie, in der ich mir einen jungen Mann übers Knie legte und ihm anschließend ordentlich den kleinen festen Arsch versohlte. In meiner Fantasie bekommt der Kerl davon einen Steifen, manchmal ejakuliert er mir auch in den Schoß. Selbstverständlich zieht das eine weitere Bestrafung nach sich, ebenso wie mehr Pleasure für die böse Mistress, die ihm in meiner Fantasie die Hiebe versetzt. Vor einigen Jahren veranstaltete ich einen Workshop zum Thema Fantasie für Männer und Frauen. Nachdem wir uns am ersten Tag kurz miteinander bekannt gemacht hatten, fiel mir plötzlich auf, dass alle eine wahnsinnige Angst hatten und ich ihnen nicht helfen konnte, sich entspannt genug zu fühlen, um ihre geheimsten Fantasien zu entdecken und zu äußern. Ich machte eine Pause und ging im Schnee spazieren, um über das Problem nachzudenken. Während ich so durch den Wald schlenderte, hatte ich plötzlich eine Idee. Um das sprichwörtliche Eis zu brechen und die Interaktion zwischen den Workshopteilnehmern etwas prickelnder zu gestalten, würde ich einfach eine meiner eigenen Fantasien demonstrieren. Großartige Idee!

Am Nachmittag also fragte ich den jüngsten Teilnehmer, einen hübschen 22-Jährigen, ob er sich für eine Demonstration zur Verfügung stellen wolle. Er erklärte sich einverstanden und erhob sich, stolz und aufgeblasen. Als er in unserer Mitte stand, erzählte ich ihm von meiner Fantasie, ihn mir übers Knie zu legen und ihm den Arsch zu versohlen. Ziemlich erstaunt, aber immer noch recht großspurig und selbstherrlich stimmte er zu. Die nervöse Spannung im Raum nahm spürbar zu.

Zieh deine Hose aus, sagte ich zu ihm. Der junge Bursche sah amüsiert und gleichzeitig etwas ängstlich aus, während er sich wortlos die Jeans aufknöpfte und sie zu Boden fallen ließ. Da stand er nun ein bisschen belämmert in seinen Boxershorts. *Die auch*, sagte ich. Jetzt hatte er wirklich Angst, gehorchte aber, wie ein braver kleiner Junge. Sein Schwanz hing gedemütigt herab. Er nahm meine Hand, und ich zog ihn auf meinen Schoß hinunter. Die Spannung in dem mucksmäuschenstillen Raum war beinahe unerträglich, mit jeder Sekunde nahm das klaustrophobische Gefühl zu. Sanft streichelte ich ein paar Mal seinen Hintern, bevor ich auf einmal ausholte und mit aller Kraft mit der flachen Hand zuschlug. Der Klang meiner Hand, die auf sein nacktes Fleisch traf, hallte im Raum wider und schockierte jeden, der sich darin befand – mich eingeschlossen. Er jaulte auf, sein ganzer Körper begann zu zittern. Ich schlug ihn auf die andere Pobacke, wieder und wieder. Nach vier oder fünf Schlägen hörte ich auf und merkte, dass er weinte. Er bewegte sich keinen Millimeter. Er lag ganz still und wartete darauf, dass ich ihn entließ. Sein Hintern war glühend rot und zuckte. Ruhig dankte ich ihm. Er stand auf, zog seine Hosen wieder an, wischte sich die Tränen aus dem Gesicht und nahm seinen Platz im Kreis wieder ein.

Die Erregung, die ich in diesem Moment spürte, werde ich nie vergessen. Ich hätte platzen können vor Freude, diesen Jungen einfach genommen und mit ihm getan zu haben, was ich wollte. Ich hatte nicht um Erlaubnis gebeten. Ich hatte nicht verhandelt. Ich wollte weder ihm noch irgendwem sonst gefallen. Ich ging das Risiko ein, dass die Gruppe mich als grausam, unweiblich oder missbrauchend abstempeln würde. Ich führte lediglich eine meiner ältesten dunklen Fantasien aus. Und das vor einer ganzen Gruppe von Leuten. Die Energie, die meinen Körper in diesem Moment durchflutete, fühlte sich an wie ein Orgasmus, während ich mich wieder hinsetzte und versuchte, mit dem Seminar fortzufahren.

Mit meinem Boy habe ich eine Art von Erotik entdeckt, die meiner eigenen Begierde und meiner eigenen Vorstellungskraft entspringt. Es ist nicht nur die Begierde, einen Orgasmus zu haben. Dieses Bedürfnis kann ich sehr effektiv alleine beziehungsweise mit meinem Hochgeschwindigkeitsvibrator stillen. Es geht dabei um einen anderen Aspekt erotischen Begehrens, den ich früher nicht gekannt hatte, als der eheliche Sex immer und ausschließlich orgasmusmotiviert war. Diese neue erotische Erfahrung reicht tiefer, sie ist unkontrollierter und weniger vorhersagbar. Sie ist mit einem unbekannten Teil meiner selbst verbunden, der Stück für saftiges Stück an die Oberfläche dringt. Ich reise durch unerforschte Gewässer zu Terrain, das auf keiner Karte verzeichnet ist. Es ist ungeheuer erfüllend, eine Sehnsucht zu entdecken, die aus mir selbst heraus entsteht, und diese Sehnsucht ausdrücken und verwirklichen zu können.

Fühle es, denke es, sage es, tue es:

Leck mich.
Steck deine Zunge tief in mich rein.
Beug dich vor und halt den Mund.
Spreize deine Beine.
Sieh mich nicht an.

Im Januar näherte sich mein Geburtstag. Mein Boy sagte mir, er sei an meinem Geburtstag geschäftlich unterwegs; wenn ich Lust hätte, zu ihm zu reisen, könnten wir das erste Mal die Erfahrung machen, die Nacht miteinander zu verbringen. Zur Feier dieses besonderen Tages hätte ich die ganze Nacht meinen Boy zu Füßen. Ich war von dem Vorschlag entzückt und buchte eine Suite im besten Hotel der Stadt. Ich reiste mit dem Zug an, checkte am Nachmittag im Hotel ein und hatte noch ein paar Stunden Zeit, um mich mit einem Bad zu verwöhnen und das Zimmer für unser nächtliches Fest vorzubereiten. Als die Sonne unterging, wartete ich an der Bar in der eleganten Lobby auf ihn. Ich war sehr entspannt. Ich freute mich auf einen sexy Abend, hatte alles mitgebracht, was ich brauchte, und war gespannt darauf, meinen Boy in dieser neuen Umgebung wiederzusehen.

Er stürmte herein, schüttelte den Regen vom Mantel und zog sein Overnight-Köfferchen hinter sich her. Ich hielt ihm die Hand zu einem Kuss hin; er stand schweigend da und wartete auf Instruktionen von seiner Mistress. Ich gab ihm den Zimmerschlüssel; er sollte hinaufgehen, duschen, sich rasieren und kniend auf meine Ankunft warten. Ich würde in zwanzig Minuten nachkommen. Er machte auf dem Absatz kehrt, ging wortlos zum Aufzug und verschwand. Gelassen trank ich mein Glas Champagner aus und beobachtete die anderen Gäste, die an der Rezeption eincheckten oder sich in der gemütlichen Lounge niederließen. Allmählich fühlte ich mich in die Dinge ein, die ich mit ihm vorhatte. Zwanzig Minuten später bezahlte ich und fuhr mit dem Aufzug in den sechsten Stock.

Ich ging den langen Flur entlang und öffnete die Tür zu unserer Suite. Mein Boy kniete nackt am Fußende des Betts. Er ist so wunderschön, dass es mir beim Anblick seiner Nacktheit jedes Mal den Atem verschlägt.

Ich trat ins Zimmer und legte meine Handtasche und den zweiten Zimmerschlüssel auf den Tisch neben der Tür. Die Suite war sehr elegant, mit einer dunklen Holzverkleidung und mit in grün-weiß gestreifter Seide bezogenen Stühlen. Auf dem Bett lagen eine hellgrüne Tagesdecke und eine Unmenge kleiner Kissen in verschiedenen Weiß- und Grüntönen. Die schweren Seidenvorhänge waren zugezogen, das Licht im Zimmer war gedimmt. Ich hatte alles perfekt arrangiert, bevor ich in die Lobby hinuntergegangen war. Auf einem der Glastische lagen meine Spielzeuge. Einen Stuhl hatte ich wie einen Thron ans Fußende des Betts gestellt, und auf dem pastellfarbenen Teppich kniete mein Boy und wartete auf mich. Neben ihm lagen einige eingepackte Geschenke.

Ich setzte mich auf meinen Thron und merkte, dass mein Boy zitterte. Die Spannung vor unserem Treffen war fast unerträglich für ihn gewesen. Er hatte mir geschrieben, dass er in den letzten beiden Nächten so gut wie gar nicht habe schlafen können, weil er sich so sehr auf mich freute.

Und da waren wir, bereit zum Spielen in diesem wunderschönen Zimmer. Allein die Aussicht darauf bereitete uns immenses Vergnügen. Um uns beide zu beruhigen, tat ich eine Zeit lang gar nichts. Ich saß einfach da und bewunderte seinen wunderschönen Körper. Dann lehnte ich mich vor, legte ihm das Halsband an und schloss es im Nacken.

Du hast deiner Mistress ein paar Geburtstags-
geschenke mitgebracht?
Ja, Mistress.
Sind sie ein Zeichen deiner Liebe und Hingabe?
Ja, Mistress.
Soll ich sie jetzt öffnen?
Ja, Mistress.

In einer Schachtel lag ein wunderschön polierter gebogener Dildo aus Stahl. Er war schwer und hatte ein schlankes und ein dickes Ende. Die Schachtel war schwarz und mit roter Seide ausgelegt. Ich nahm den Dildo heraus und wog ihn in der Hand; er war unglaublich kunstvoll verarbeitet. Ich stellte mir all die wunderbaren Orte vor, in die ich mir den stecken könnte. Allerliebst. Dann machte ich die anderen Geschenke auf. Für jedes gab ich ihm einen Kuss. Sein Schwanz war steif, aber er zitterte immer noch und litt unter der Aufregung.

Ich nahm die schwarze Augenbinde aus Seide, verband ihm damit die Augen, führte ihn an die Bettkante und drückte ihn sanft wieder auf die Knie. Ich bin nicht besonders talentiert in Bondage, konnte ihm aber die Hände mit hübschen roten Seilen, die ich von zu Hause mitgebracht hatte, auf den Rücken binden.

Dann beugte ich ihn so übers Bett, dass sein Oberkörper abgestützt und sein Hintern exponiert und gut erreichbar war. Ich legte mich einen Moment auf das Bett, streichelte seinen Kopf und seinen Körper und flüsterte ihm süße Worte der Liebe ins Ohr. Dann griff ich nach dem Telefonhörer und rief den Zimmerservice an.

Kurz darauf klopfte es leise an der Tür. Mein Boy rührte sich nicht. Er war nackt und völlig bloßgestellt, mit auf den Rücken gebundenen Händen. Es gab keine Möglichkeit, der Bloßstellung zu entrinnen. Ohne ein Wort zu sagen, nahm ich ihm die Augenbinde ab, sprang vom Bett, ging zur Tür und öffnete sie dem Kellner. Wir tauschten einige Höflichkeiten aus, dann trat ich beiseite, damit er einen großen Rollwagen mit dem Abendessen ins Zimmer schieben konnte. Der Tisch war mit einer gestärkten weißen Decke und allem, was man sich für ein elegantes Abendessen nur wünschen kann, gedeckt. Sogar ein kleiner Blumenstrauß in einer silbernen Vase stand darauf. Der Kellner war ausgesprochen distinguiert und perfekt gekleidet. Er ließ untadeligen Geschmack und Diskretion erkennen, indem er den nackten Mann, der gefesselt am Rand meines Betts stand, völlig ignorierte. Er platzierte die Teller und Gläser und fragte, ob er den Wein öffnen solle.

Am liebsten würde ich sagen, dass ich absolut entspannt war, aber das war ich natürlich nicht. Im Gegenteil: Eigentlich wollte ich den Kellner so schnell wie möglich wieder aus dem Zimmer haben. Doch ich riss mich zusammen und antwortete auf seine Frage: *Oh ja, bitte.* Ich beobachtete die ganze Szene in der verspiegelten Wand hinter dem Kellner – als ob ich einen Film sah, in dem ich selbst mitspielte. Ich wusste: Je länger ich die Spannung aushielt, desto befriedigender würde es hinterher für mich und meinen Boy sein. Ich verschaffte ihm die Gelegenheit, ganz die Kontrolle abzugeben – völlig machtlos und trotzdem absolut sicher. Mein Boy wusste, dass ich ihn immer beschützen würde und dass er bei mir sicher war. Ich wollte nur seine Fähigkeit zur wahren Unterwerfung testen. Er hielt sich großartig und war ganz still, während er den Kellner in nur wenigen Metern Entfernung beobachtete.

Der Kellner entkorkte die Flasche Wein und ließ mich probieren, bevor er einschenkte. Ich ließ mir mit dem Unterschreiben der Rechnung Zeit, gab ihm ein großzügiges Trinkgeld und wünschte ihm noch einen schönen Abend, bevor ich die Tür hinter ihm schloss. Wie gern hätte ich bei seiner Rückkehr in die Küche Mäuschen gespielt, als er seinen Kollegen erzählte, was in Suite Nummer 625 vor sich ging. Ich fragte mich, ob Zimmerkellner wohl öfter solche Szenarien vorfinden. Wahrscheinlich nicht.

Nachdem ich meine Mahlzeit beendet hatte, band ich meinen Boy los und gab ihm einen Schluck Wein. Ich nahm ihm das Halsband ab und gab ihm auch etwas zu essen. Wir genossen einen wunderbaren Abend voller Spiel und Liebe und schliefen das erste Mal Arm in Arm. Als die Sonne am nächsten Morgen aufging, berührte ich ihn ganz sanft. Ich kann mit Fug und Recht behaupten, dass dies eines der schönsten Geburtstageschenke war, die ich jemals bekommen hatte. Er ging mit mir zum Bahnhof, von wo aus ich allein zurückfuhr.

Ein Monat später …
Gerade hatte ich mehrere Orgasmen, während mein Boy zwischen meinen Beinen kniet. Am Messingring an seinem Halsband ziehe ich ihn sanft in mein Schlafzimmer. Im Raum brennen etwa zwanzig Kerzen, die ich strategisch im ganzen Zimmer verteilt habe. Ich drücke ihn rücklings aufs Bett, klettere auf

ihn und lasse mich auf seinen steifen Schwanz herab. Meine Möse pocht. Sie ist nass und will gefüllt werden. Meinem Boy entfährt ein Stöhnen, als sein Schwanz von meinem nassen Inneren verschlungen wird. Ich lege mich der Länge nach auf ihn und rühre mich nicht. Ich sehe ihm direkt in die Augen und küsse ihn lange. Ich weiß, dass auch er versucht, sich nicht zu bewegen, nicht zu ejakulieren, nicht die Kontrolle zu verlieren. Wir haben schon länger als eine Stunde im Wohnzimmer gespielt. Er hatte die ganze Zeit einen Steifen.

Er sehnt sich danach, kommen zu dürfen, weiß aber, dass dies das Ende der Lust bedeutet. Also hält er sich zurück. Ich küsse ihn noch einmal und weiß plötzlich, dass ich ihn nicht mehr kontrollieren kann. Hier verschwimmen die Grenzen. Maskulin und feminin, dominant und unterwürfig, Mistress und Boy – keines dieser Worte hat noch eine Bedeutung. Wir sind nur zwei Liebende, die sich auf jeder Ebene zutiefst miteinander verbinden. Wir ficken leidenschaftlich, keuchen und küssen uns, wechseln die Positionen, rollen im Bett herum, beten einander an. Es fühlt sich so göttlich an, von ihm ausgefüllt zu sein. Schließlich bettelt er um Erlaubnis, kommen zu dürfen, und als ich das Gefühl habe, dass wir es beide nicht mehr aushalten, erlaube ich es ihm. Mit einem lauten Schrei ejakuliert er in mich. Ich fühle, wie sein Saft mir in den Körper schießt, in mein Herz, mein Gehirn und schließlich bis ins Universum. Ich liebe diesen Mann. Ich liebe es, dass so viel möglich ist.

Nach dem Duschen trinken wir auf dem Sofa einen Espresso zusammen und unterhalten uns für etwa zwanzig Minuten. Er zieht sich an, nimmt seine Sachen, und wir sehen uns ein letztes Mal in die Augen. *Auf Wiedersehen, mein Liebling. Lass es dir gut gehen.* Und dann ist er weg. Wenn alles gut geht, sehe ich ihn nächste Woche wieder. Vielleicht. Aber ich baue nicht darauf. Ich erwarte es nicht. Ich liebe ihn, aber ich lasse ihn gehen.

In Amerika aufwachsen

Freiheit, insbesondere die Freiheit der Frau,
ist eine Errungenschaft, kein Geschenk. Man
bekommt sie nicht einfach. Man muss sie sich
nehmen.

Federico Fellini

Manchmal wünsche ich mir, über meine Kindheit etwas Aufregenderes erzählen zu können – von Zigeunern gekidnappt, von Wölfen im Wald aufgezogen, mit einer Bande Piraten auf hoher See oder ein anderes mysteriöses und wundervolles Abenteuer. In einem traditionellen Vorort einer Stadt im amerikanischen Mittelwesten aufzuwachsen, war nicht gerade die Art von Abenteuer, die mir vorschwebte. Seltsam, aber der einflussreichste und unvergesslichste Aspekt meiner Kindheit war weder Mysterium noch Abenteuer, sondern die erotische Liebe, von der die Beziehung zwischen meiner Mutter und meinem Vater durchdrungen war. Der intensive Ausdruck der Liebe, die die beiden füreinander empfanden, hinterließ einen unauslöschlichen Eindruck in meiner zerbrechlichen und sich gerade erst entwickelnden Seele. Ich wurde in den Widerhall ihrer nicht enden wollenden Liebesgeschichte hineingeboren und wuchs im Licht ihrer gegenseitigen Zuneigung auf. Der Einfluss dieser Liebe und die Kompromisse, die sie verlangte, formten meine Sicht der Dinge und viele meiner sowohl persönlichen als auch beruflichen Entscheidungen.

Mein Vater war ein gutaussehender Mann. Er hatte Medizin studiert und im gemeinsamen Abschlussjahr ihres Studiums meine Mutter geheiratet. Da sie in ihren jeweiligen Familien die Ersten waren, die eine höhere Bildung genossen, waren sie der Stolz und die Freude ihrer Sippen.

Ihr Hochzeitsfoto hängt heute noch an einer Wand in meinem Arbeitszimmer. Mein Vater wirkt steif und formell und starrt ohne zu lächeln in die Kamera. Er trägt einen tadellosen dreiteiligen dunklen Anzug und eine gestreifte Seidenkrawatte. Seine Füße zieren ein paar graue Gamaschen. Im letzten Jahr an der Uni hatte er sich einen Schnurrbart stehen lassen, um reifer auszusehen und sein rosiges Babygesicht zu verbergen. Auf dem Hochzeitsfoto wirkt er, als ob er nun schließlich ein Mann geworden sei. Er ist bereit, die volle Verantwortung für eine Ehefrau und all die Kinder zu übernehmen, die sie miteinander in die Welt setzen würden. Auch meine Mutter blickt ernst in die Kamera. Ihr Hochzeitskleid besteht aus cremefarbenem Satin mit engem Oberteil und einem Spitzenjäckchen darüber. Ihr Haar ist zu weichen, femininen Wellen frisiert, die eng am Kopf anliegen. Der Schleier besteht aus einer kleinen Spitzenkappe mit einem Netz im Nacken – sehr elegant. Die Schuhe sind ebenfalls cremefarben und sehen feminin, aber schmerzhaft eng aus. Ihren Hals ziert eine diskrete, mehrstufige Perlenkette. Im Hochzeitsstrauß finden sich neben Rosen auch Maiglöckchen. Um die beiden herum stehen die Hochzeitsgäste, die Geschwister und enge Freunde. Hinter der Gruppe steht der Vater meiner Mutter, Grandpa Eugene, der Kopf des Clans.

Die Hochzeit fand mitten im Winter, einen Tag nach Weihnachten, statt. Mein Vater arbeitete sein erstes Jahr im Krankenhaus, und der Tag nach Weihnachten war der einzige, den er sich freinehmen konnte. Es war kurz nach dem Börsenkrach von 1929 zu Beginn der Großen Depression. Die Familie meiner Mutter hatte ihr Haus verloren, und jedes Mitglied beider Familien war pleite. Dad hatte das Glück einer vielversprechenden Zukunft, doch Flitterwochen gab es damals ebenso wenig wie Geld oder irgendwelche Luxusartikel. In der Nacht vor der Hochzeit hatte mein Großvater väterlicherseits in der Badewanne eine Runde Gin zusammengemixt; bis die Prohibition das Geschäft in die Knie zwang, war er stolzer Besitzer einer Kneipe gewesen. In den Wochen vor der Hochzeit hatte mein Dad einen kleinen Vorrat an medizinischem Alkohol beiseitegeschafft, den sie mit destilliertem Wasser und Ginaroma mischten. Diese Mischung füllten sie in die leeren Ginflaschen ab, die immer noch in der Bar meines Großvaters herumhingen, und servierten das Gebräu dann den Hochzeitsgästen. Mein Großvater tat so, als ob dies ganz besondere Schmuggelware sei, die er nur unter den größten Schwierigkeiten und zu einem horrenden Preis erstanden hatte. Denn für seinen Jungen kam am Tag der Hochzeit nur das Allerbeste infrage!

Die Hochzeitsgäste waren entsprechend beeindruckt, und trotz der düsteren wirtschaftlichen Lage hatten alle ihren Spaß.

Das alte, langsam vergilbende Foto an meiner Wand erzählt nur den Anfang ihrer Geschichte. Mein Vater praktizierte sehr erfolgreich als Arzt und Chirurg, und gemeinsam mit meiner Mutter zog er sechs Kinder groß. Ich war das fünfte, das erste Mädchen nach meinen vier älteren Brüdern. Meine Mutter war 41, als ich zur Welt kam, und obwohl es ganz offensichtlich keine geplante Schwangerschaft war, bestand meine Mutter immer darauf, ich sei ein Kind der Liebe gewesen.

Und das kam so.

Eines Tages fuhren meine Eltern mit Grandpa Eugene, meinem Großvater mütterlicherseits, mit dem Auto zu einer Familienhochzeitsfeier in einem anderen Bundesstaat. Mitten in der Nacht stießen sie frontal mit einem betrunkenen anderen Autofahrer zusammen. Grandpa Eugene saß am Steuer und war sofort tot, mein Vater wurde vom Beifahrersitz durch die Windschutzscheibe geschleudert und brach sich einen Halswirbel. Er lag zwei Wochen lang bewusstlos im Krankenhaus. Als er erwachte, hatte man ihn fast vollständig von Kopf bis Fuß eingegipst, sein rechtes Auge war von Glassplittern schwer verletzt. Doch er überlebte. Anscheinend bettelte er regelrecht darum, aus dem Krankenhaus entlassen zu werden und nach Hause gehen zu dürfen. Schließlich gab meine Mutter nach, unterzeichnete die Entlassungspapiere und fuhr mit ihm im Krankenwagen nach Hause. Mein Vater war überglücklich, am Leben zu sein, und das Erste, was er zu Hause tun wollte, war, mit meiner

Mutter Liebe zu machen. In dem Moment, in dem er sein Leben wiedergewann, wurde ich empfangen. Meine Mutter war vierzig Jahre alt. Sie hatte schon vier Kinder im schulpflichtigen Alter. Sie hatte ein gebrochenes Bein von dem Unfall. Ihr Vater war gerade eines gewaltsamen Todes gestorben, ihre Mutter litt an Herzinsuffizienz, und ihr Ehemann würde sich ein ganzes Jahr lang zu Hause von seinem gebrochenen Halswirbel erholen müssen. Ihr Leben war erschreckend außer Kontrolle geraten. Sie wollte eigentlich nicht schwanger werden – nicht schon wieder, nicht jetzt. Ihr Schoß bot dem kleinen Vögelchen ein eher unwirtliches Nest, aber ich nistete mich dennoch ein.

Mit meinem Vater war das ganz anders. Er freute sich unglaublich darüber, dass meine Mutter wieder schwanger war. Er war dem Tod gerade von der Schippe gesprungen, konnte wundersamerweise noch sehen und war trotz der massiven Rückenmarksverletzung nicht gelähmt. Er würde sich vollständig erholen und sein Leben normal weiterleben. Seine Begegnung mit dem Tod hatte dazu geführt, dass er jeden Augenblick seines Lebens als Geschenk betrachtete. Mit immenser Freude und einer unstillbaren Lust auf das Leben hatte er meine kleine Seele dazu verführt, zur Welt zu kommen.

Neun Monate später stand er im Kreißsaal und nahm mich in Empfang. Die Geburt war lang und schwierig gewesen. Zwar gab es seit Kurzem die Epiduralanästhesie, doch hatte der Anästhesist noch kaum Erfahrung damit; es gelang ihm nicht, meine Mutter erfolgreich zu sedieren. Sie hatte Schmerzen, war in Panik und außer Kontrolle. Gegen die Wehenschmerzen setzte man damals Di-Stickstoffoxid – besser bekannt als Lachgas – ein; meine Mutter schrie vor Schmerz und flehte das Gas an, ihr etwas Erleichterung zu bringen. Leider muss man sagen, dass die Atmosphäre im Kreißsaal eher hysterisch und beängstigend als einladend war. Der Gynäkologe meiner Mutter war der beste Freund meines Vaters, dem es trotz ihrer Panik und ihres Widerstands gelang, mich auf die Welt zu bringen. Er drehte sich um und legte mich in die liebevollen Arme meines Vaters. Seine erste Tochter! Empfangen und geboren in eine Mischung aus Leben und Tod, Gewalt und Genesung, Angst und purer, ungebändigter, überschäumender Freude.

Irgendwo ganz tief in meiner Erinnerung sehe ich meinen Vater im Kreißsaal stehen, in meine gerade geöffneten Augen blicken und mich in der Welt willkommen heißen. Nie haben mich die Verbindung zu ihm und der Einfluss seiner maskulinen Energie, die mich auf die Erde gezogen hat, verlassen. Von diesen ersten Momenten des Lebens an fühlte ich mich von seiner väterlichen Präsenz und der liebevollen Kraft seiner männlichen Energie angenommen und eingehüllt.

Ich wuchs in der Energie der gegenseitigen elterlichen Liebe auf. Sie genossen eine sehr leidenschaftliche, nie enden wollende sexuelle Liebesaffäre, die alles in meinem kindlichen Zuhause durchdrang. Sie beteten einander an. Schon als ich noch sehr klein war, war mir klar, dass die beiden Liebhaber waren und dass ihr Bett der Ort war, wo alles Wundervolle geschah. Mein Vater zeigte allen seinen Kindern seine Zuneigung, doch machte er kein Geheimnis daraus, dass meine Mutter seine Göttin war.

Ich weiß noch, dass meine Freunde aus Kindheitstagen schockiert waren, wenn sie zufällig Zeugen
wurden, wie meine Eltern sich umarmten und küssten. *Dein Vater hat gerade deine Mutter geküsst,* flüsterte mir meine Spielgefährtin kichernd zu. So etwas
hatte sie noch nie gesehen. Ihre Eltern schliefen in
getrennten Schlafzimmern und deuteten nie auch
nur an, dass es zwischen ihnen Erotik oder sexuelle
Anziehungskraft, geschweige denn irgendeine Form
von Geschlechtsverkehr gab. Eben jene Freundin erzählte mir eines Tages, ihre Mutter wisse nicht, woher die Babys kämen. Darüber musste ich lachen,
hatten meine Eltern mir doch alles en détail erklärt,
sobald ich auch nur das geringste Interesse an dem
Thema gezeigt hatte. Gemeinsam gingen wir zu meinem Vater, um über das Problem der Mutter meiner
Freundin zu sprechen, und er versprach, sie anzuru-
fen und die Dinge zu klären. Er rief tatsächlich an. Sie
lachte etwas verlegen und versprach ihrerseits, bald-
möglichst mit ihrer Tochter über die Bienen und die
Blumen zu sprechen. Mein Vater war sehr stolz auf
seine klare und deutliche Kommunikation, und auch
eine Diskussion über Sexualität konnte ihn nicht aus
der Fassung bringen.

Mit dem Masturbieren fing ich schon sehr früh an,
stellte aber keine Verbindung von der Geschichte,
wo die Babys herkommen, zu dem guten Gefühl zwischen meinen Beinen her. Erst später wurde mir klar,
dass Lust und Babys etwas miteinander zu tun haben.
Zu masturbieren fühlte sich einfach ganz natürlich
und gut an. Ich mochte das Gefühl, das entstand,
wenn ich mich berührte, und versuchte herauszufinden, wie ich meine Lust steigern könnte. Ich muss

etwa 5 oder 6 gewesen sein, als ich in der Badewanne herausfand, dass es sich gut anfühlte, wenn das Wasser auf genau die richtige Art und Weise zwischen meinen Beinen herunterlief. Das Wasser tropfte vom Wasserhahn auf meine Möse und erzeugte ein wunderbares Gefühl. Was genau für ein Gefühl das war, wusste ich nicht, meinen ersten Orgasmus hatte ich erst mehrere Jahre später. Ich mochte das Gefühl einfach: In mir war alles weich und glücklich.

In diesem Alter spielte ich auch gerne mit Freundinnen aus der Nachbarschaft Doktor. Ganz in der Nähe wohnten zwei Schwestern, mit denen ich mir voller Entzücken gegenseitig Dinge in den Hintern steckte. Wir versteckten uns im Wohnzimmer ihres Hauses hinter dem Sofa und unternahmen unsere unartigen kleinen Erkundungstouren. Wir nannten das zwar *Doktor* spielen, doch eigentlich spielten wir *Pleasure* in einer wunderbaren frühen Form. Wir hörten dabei zwar andere Familienmitglieder im Haus herumlaufen, fühlten uns aber sicher in unserem Versteck; glücklicherweise hat uns nie jemand gefunden. Vielleicht machten die Nähe der anderen und die Möglichkeit, erwischt zu werden, die Sache noch aufregender.

Mit dem Aktiv- und Passivsein wechselten wir uns ab. Ich ließ meine Shorts runter und spreizte meine Arschbacken, während Theresa mir einen Stift, eine Haarspange oder irgendeinen anderen Gegenstand in den Hintern steckte. Ich revanchierte mich bei ihr nur ungern, liebte es aber, den passiven Part zu spielen. Eigentlich war ich nur aktiv, weil ich fair sein wollte. Heute frage ich mich, ob ihr das Spiel genauso gut gefallen hat wie mir.

Ich erinnere mich bestens, wie ich mich mit dem Gesicht nach unten auf den Orientteppich legte (er roch nach feuchter Wolle, den Geruch habe ich heute noch in der Nase), meinen kleinen Po etwas anhob, um ihr den Zugang zu erleichtern, und mich dem intensiven Gefühl überließ, das das Eindringen von etwas Fremdem in meinen Körper erzeugte. Auf die Idee, uns gegenseitig etwas in die Möse zu stecken, kamen wir nicht. Zu dieser Zeit war uns nicht einmal bewusst, dass wir mehr als ein Loch hatten. Wir waren komplett analfixiert. Ich lag ganz still da und wurde dann fast high davon, was sie mit meinem Körper machte. Wir spielten das Spiel gelegentlich auch an anderen Orten in unseren Häusern und führten uns dabei immer größere Gegenstände ein: den Griff einer Haarbürste, Gemüse, einmal sogar einen Schraubenzieher aus dem Werkzeugkasten. Leider hörte das Spiel irgendwann auf. Das war, glaube ich, als ich meine Klitoris entdeckte – und neben dem Spiel mit ihr sah das Arschspiel wirklich blass aus.

Das Masturbieren war etwas, das ich mit meinen Freundinnen nicht teilen wollte. Das war geheim. Etwas nur für mich. Die Fülle an Lust, die die Stelle zwischen meinen Beinen für mich bereithielt, überwältigte mich, und ich kam gar nicht erst auf den Gedanken, dass es anderen ähnlich gehen könnte. Jahrelang glaubte ich, dass ich irgendeine anatomische Besonderheit hätte, eine Laune der Natur, dass ich aus dieser winzigen Stelle so viel Vergnügen ziehen konnte. Und schließlich fühlte ich mich schuldig, dieses Vergnügen zu genießen. Vielleicht wegen meiner streng katholischen Erziehung. Die Nonnen waren Tag und Nacht damit beschäftigt, unsere Unschuld zu leugnen und uns unsere sündige Natur bewusst zu machen. Selbst als kleine Kinder hielten wir konstant nach möglichen Sünden Ausschau, die wir dem Gemeindepriester am Samstag vor der Kommunion am folgenden Tag beichten konnten.

Vergib mir, Vater, denn ich habe gesündigt.
Seit meiner letzten Beichte ist eine Woche vergangen.
Ich habe dreimal gelogen. Zweimal war ich meiner Mutter gegenüber ungehorsam.
Außerdem … habe ich mich selbst angefasst.

Sie können sich sicherlich vorstellen, welcher Teil dieses Potpourris kindlicher Sünden den Priester am meisten interessiert hat. Manchmal entließ er mich mit der Buße, drei *Ave Maria* und drei *Vaterunser* beten zu müssen. Fragen stellte er keine. Dann schoss ich aus der Kirche, spielte schon ein paar Minuten später wieder mit meinen Freunden und dachte mir bereits wieder allerlei Unfug aus. Doch gelegentlich stellte der Priester mir ein paar Fragen – keine Ahnung, ob aus Langeweile, Neugier oder schlichter altbekannter Geilheit.

Wie hast du dich selbst angefasst?
Wo hast du dich angefasst?
Warst du dabei allein?
Hast du das schon einmal mit einem Jungen getan?
Wie oft hast du dich diese Woche selbst angefasst?

Ich wand mich und stammelte herum und fühlte mich wegen meiner Sündhaftigkeit wirklich mies. Natürlich nur so lange, bis es mich das nächste Mal überkam, ich mich einfach wieder anfasste und enormen Spaß dabei hatte. Am darauffolgenden Samstag ging ich wieder brav zur Beichte, erzählte dem Priester all die schmutzigen Details und verließ die Kirche wie letzte Woche von allen Sünden reingewaschen.

Das ging so weiter, bis ich Jungs entdeckte. Beziehungsweise – eigentlich entdeckten sie mich.

Bis zu meinem zehnten Lebensjahr war ich ein echter Wildfang. Ich liebte es, mich zu prügeln, zu rennen, zu jagen und mit den Jungs in der Nachbarschaft Cowboys und Indianer zu spielen. Ich mochte ihre Jungsspiele. Sie machten so viel mehr Spaß als das Spielen mit Puppen. Puppen waren so langweilig. Also baute ich mit den Jungs Festungen, spielte Verstecken, sauste mit dem Rad durch die Straßen und tat so, als ob ich ein Junge wäre.

Als ich 12 wurde, begannen meine Brüste zu knospen, und ich hatte meine erste Periode. Alles schien sich über Nacht verändert zu haben. Aufmerksam studierte ich den Waschzettel der Tamponpackung, in der Hoffnung, dort erklärt zu bekommen, was es bedeutete, endlich eine Frau zu sein. Ich fühlte mich irgendwie anders, wusste aber noch längst nicht, was das bedeutete. Ich machte mir Sorgen darüber, dass die Jungs entdecken könnten, dass ich meine Periode hatte oder nun einen BH trug. Ich zog mich von den Jungsspielen zurück und versuchte herauszufinden, wie man sich als Mädchen benahm.

Etwa zu dieser Zeit fing das mit den ersten Partys an, und manchmal bekam auch ich eine Einladung. Wir trafen uns bei irgendjemandem und dekorierten den Keller zur Partyhöhle um, in der es Musik, Tanz, Chips und Limo gab. Mit der Zeit wechselte der

Höhepunkt des Abends vom Tanzen zum Kussspiel. Zuerst war das Spiel noch recht harmlos; meist wurde per Flaschendrehen entschieden, wer wen vom anderen Geschlecht küssen durfte, und jeder kam mal an die Reihe. Das änderte sich, als die Jungs bestimmten, wer heiß war und wer nicht. Sie wählten ihr Lieblingsmädchen aus und zogen es in eine dunkle Ecke des Raums, um es zu küssen und heimlich anzufassen. Die Außenseiter und Sonderlinge, wie ich einer war, saßen schließlich allein in der Mitte des Raums und fühlten sich verloren und ausgestoßen. Ich war damals so unbeholfen, schüchtern und unsicher. Mein Gesicht war von Pickeln übersät, meine Haare waren fettig, nie passten mir meine Klamotten, und keiner der Jungs verspürte auch nur den geringsten Drang, mich zu küssen. Mehr als einmal kam ich nach Hause und heulte mich bei meinen Eltern aus, dass ich das einzige Mädchen gewesen war, dass nicht geküsst wurde.

Keiner mag mich, weinte ich am Hals meines Vaters, der versuchte, mich zu trösten. Ich erinnere mich noch an die Rede, die er immer hielt, wenn für mich das Ende der Welt gekommen zu sein schien und mir das Herz brechen wollte. Er sagte mir, ich sei das schönste aller Mädchen, aber ein Spätblüher. Er selbst habe solche Blumen im Garten, und diese schätze er am meisten. Ich war noch jung. Ich hatte noch so viel Zeit. Ich würde zur schönsten und anmutigsten Blume erblühen, müsse aber geduldig sein und es mir erlauben, groß zu werden. Er hatte recht – das nützte mir damals allerdings gar nichts. Ich verbrachte mehrere Jahre damit, über mein elendes, leidvolles Schicksal zu weinen.

Und siehe da – plötzlich, von einem Tag auf den anderen, beruhigten sich meine Hormone, meine Haut klärte sich, meine Brüste wuchsen, meine Hüften auch, und meine Phase als hässliches Entlein fand ein abruptes Ende. Plötzlich nahmen die Jungs Notiz von mir. Plötzlich zeigten sie Interesse. Plötzlich wollten sie mich küssen – und nicht nur das. Die Macht, die diese jugendliche, hormongesteuerte sexuelle Anziehungskraft besitzt, und die Wirkung, die sie auf mich ausübte, als ich endlich aufwachte, können gar nicht überbetont werden. Ein Junge, der mich wollte, mich begehrte, mich erwählte – all das wurde für mich zur Droge, ohne die ich mir ein Leben nicht mehr vorstellen konnte. Plötzlich war die Aufmerksamkeit der Jungs, ihre Begierde, interessanter als die Orgasmen, die ich beim Masturbieren bekam. Und mit vierzig Jahren Erfahrung kann ich rückblickend sagen, dass es nicht mein Verlangen nach den Jungs, sondern ihr Verlangen nach mir war, das mich so schwindlig machte. Von einem Tag auf den anderen taten die Jungs plötzlich alles, um mir näherzukommen. Zuerst verstand ich dieses neue Phänomen nicht, wurde aber regelrecht abhängig von dem Gefühl, in ihrer Nähe zu sein. Die Aufmerksamkeit der Jungs vermittelte mir das Gefühl, jemand zu sein, jemand Liebenswertes zu sein.

Schon bald war das Küssen nicht mehr genug. Verstohlen berührten die Jungs meine Brüste und steckten mir die Zunge in den Hals. Sie schoben mir die Hände unter die Bluse und öffneten mir den BH. Sie berührten meine Brustwarzen und versuchten, mit den Fingern unter das Gummiband meiner Unterhose zu kommen. Stunde um Stunde küssten wir uns auf dem Rücksitz des väterlichen Autos, wir streichelten uns und waren uns einig, *es* nicht ganz durchzuziehen. Ich war noch nicht bereit für dieses harte Stück männlichen Fleischs, das durch mehrere Kleidungsschichten hindurch beständig gegen meinen jungfräulichen Schritt drückte. Der beharrliche Schwanz faszinierte und erschreckte mich gleichermaßen, ebenso wie die Gewissheit, dass die Jungs gegen meinen weiblichen Charme machtlos waren. Ihre monströsen Penisse anfassen wollte ich jedoch nicht. Mir reichte es zu wissen, dass sie in den Hosen Gewehr bei Fuß standen. Ihre Penisse wurden zum Barometer meiner sexuellen Anziehungskraft. Ein Ständer bestätigte mir, dass ich schön war, dass ich begehrenswert war, dass ich *okay* war.

Und wieder fand ich mich eines Samstags im Beichtstuhl.

Vergib mir, Vater, denn ich habe gesündigt.
Seit meiner letzten Beichte sind zwei Wochen vergangen.
Ich habe dreimal gelogen. Ich war zweimal ungehorsam.
… Und ich habe mich von meinem Freund anfassen lassen.

Diese Art Sünde mochte der alte Priester anscheinend am liebsten. Sex! Bevor er mir die Buße für meine Sünden verkünden und mich entlassen konnte, wollte er Details hören.

Hat er dich über oder unter der Kleidung angefasst?
Hat er dich unter dem BH berührt?
Hat er dich untenrum angefasst?
Wie oft?

Er hat mich nie danach gefragt, ob es mir gefallen hat. Er hat mir nie einen Rat gegeben, wie ich all das Anfassen über oder unter der Kleidung beenden könnte. Er brummte mir lediglich einen Rosenkranz auf, bevor er das kleine Fensterchen schloss und damit signalisierte, dass wir fertig waren.

Ich fuhr eine ganze Zeit lang damit fort, mich am Freitagabend sexuell erregen zu lassen und meine Sünden am Samstag darauf zu beichten. Mit der Zeit erschien mir die Übung jedoch relativ lächerlich und ohne Sinn. Mir gefielen die Erfahrungen, die ich mit den Jungs machte. Ich bereute sie keineswegs und wollte im Gegenteil noch mehr. Ich wollte *es* mit jemandem schließlich doch ganz durchziehen und glaubte einfach nicht, dass das eine Sünde sein sollte. Wie konnte etwas, das sich so gut anfühlte, so schlecht sein? Und interessierte sich Gott wirklich dafür, was ich mit meinem Freund anstellte, ob nun über oder unter der Kleidung? Hatte Gott nicht Besseres zu tun, als sich über meine erblühende Sexualität Gedanken zu machen?

Schließlich kehrte ich der katholischen Kirche zugunsten der Jungs und Männer den Rücken und sah nicht ein Mal zurück. Meine tiefe Verbindung zur unsichtbaren Welt des Geistes brach nie ab, doch brachten mich mein Interesse und meine Neugierde weit jenseits dessen, was mir die Priester und Nonnen beigebracht hatten. Ich war spirituell und physisch bereit, erwachsen zu werden.

Meine Unschuld verlor ich, als ich 17 war. Ich verliebte mich in einen Jungen namens Robert, und nach monatelangem Streicheln und Petting glitten wir nahtlos in unsere erste wirkliche sexuelle Erfahrung. Es erschien mir ganz natürlich, dass der heiße, steife Schwanz schließlich in meine pulsierende feuchte Möse dringen würde. Es kam mir ganz und gar nicht schlecht oder sündig vor. Im Gegenteil: Ich sehnte mich danach, weiterzugehen, mit Männern im Allgemeinen und mit Robert im Besonderen. Unsere junge Liebe hielt so lange an, bis wir beide auf getrennte Colleges gingen. Wir vertieften uns in unsere verschiedenen akademischen Welten, lernten neue Freunde kennen und schließlich auch neue Liebhaber.

Was Männer betraf, war ich unendlich neugierig. Ich wollte mich unter sie mischen, in ihnen aufgehen, jede Trennung überwinden und eins mit ihnen werden. Sex schien all die Lücken zu füllen, die ich in mir spürte. Er bestätigte meine Weiblichkeit und gab mir Sicherheit. Beim Sex fühlte ich mich ganz, heil. Beim Sex schien die ganze Welt plötzlich so viel mehr Sinn zu ergeben. Und jeder neue Mann bedeutete ein neues, aufregendes Abenteuer. Jeder Mann war anders. Das ganze Spiel der Verführung – das Entdecken gegenseitiger Sehnsüchte, Begierden und Perversionen – machte mir ungeheuer Spaß und erschien mir so natürlich. Damals, bevor man sich Sorgen wegen Aids und anderen sexuell übertragbaren Krankheiten machen musste, brauchte man nichts als die Pille, um sich frei wie ein Vogel zu fühlen.

Ich hatte viele Liebhaber, bevor ich meinen ersten Ehemann traf und heiratete. Ich war gerade 21 geworden und versuchte, mich als Fashionstylistin in New York über Wasser zu halten. Er – elegant und gutaussehend – war als Art Director in einer schicken Werbeagentur auf der Madison Avenue tätig. Er stellte mich als seine Assistentin an, und als wir endlich zusammen im Bett landeten, hatte ich schon ein Jahr lang für ihn gearbeitet. Wir verliebten uns unsterblich ineinander, zogen zusammen und heirateten schließlich. Wir bekamen zwei wundervolle Kinder und hatten noch vierzehn Jahre tollen Sex miteinander, bevor unser Ehe geschieden wurde. Abgesehen vom Sex gab es so viele Bereiche in unserer Ehe, die nicht funktionierten. Der elegante Mann, den ich kennengelernt hatte, wurde mir mit der Zeit immer fremder. Am Ende unserer hoffnungslos gescheiterten Beziehung versuchte jeder nur noch, die Oberhand zu behalten. Eine Scheidung ist immer eine schmerzhafte Erfahrung, vor allem wenn Kinder beteiligt sind, und unsere machte da keine Ausnahme. Wir hatten uns intensiv geliebt, und der Schmerz und die Wut am Ende waren ebenso intensiv.

Als es vorbei und ich wieder frei war, war ich fast 40 und versuchte, mich als Single-Frau in einer neuen Stadt zurechtzufinden. Ich sehe diese Zeit heute als besonders qualvoll an – nicht nur weil die Familie auseinandergebrochen und ich in der neuen Stadt unsicher war. Das Schlimmste war, dass ich mich nun wieder verabreden musste. Ich musste in die Welt hinausgehen und mich nach einem neuen Partner umsehen. Wie gern würde ich Ihnen jetzt erzählen, wie toll das alles war, wie frei ich mich fühlte, aber das wäre gelogen. Die Wirklichkeit sah etwas anders aus: Ich war verzweifelt, ich war einsam und ich war unglaublich geil.

Ich weiß noch, wie ich eines Abends alleine in einen Nachtclub ging. Ich trank etwas an der Bar und ließ meinen Blick über die stroboskoperleuchtete Umgebung schweifen. Dann begab ich mich auf die Tanzfläche, mit dem erklärten Ziel, einen Mann zu finden, den ich nach Hause abschleppen könnte. Mir fiel auch gleich ein hübscher junger Bursche ins Auge: kräftig, gepflegt, gut angezogen, nettes Lächeln. Ich tanzte mich nah an ihn heran, sah ihm in die Augen, flirtete verführerisch und schleppte ihn ein paar Songs später wortlos mit zu mir nach Hause. Der Sex war weder besonders intim noch besonders befriedigend; außerdem fühlte ich mich schuldig und schämte mich. Jungs in einem Nachtclub aufgabeln, und das in meinem Alter! Tiefer könnte ich wirklich nicht mehr sinken. Dachte ich jedenfalls. Tatsächlich konnte ich noch sehr viel tiefer sinken und tat das auch. Ich verführte die Ehemänner von Freundinnen. Ich verführte Nachbarn. Ich verführte den Jungen vom Lieferservice und den Wirt meiner Stammkneipe. Jeder Mann, der auf meinem Radarschirm auftauchte, war Freiwild für mich. Gut fühlte ich mich nicht dabei, doch schien gefickt zu werden die einzige Möglichkeit, meine Nerven zu beruhigen und mich glauben zu machen, ich würde doch nicht an Vereinsamung sterben.

Ich masturbierte ständig, das machte die Sache aber auch nicht besser. Es war nicht nur meine Geilheit, die mich fast um den Verstand brachte; es war die extreme Einsamkeit, die mich vergessen ließ, wer ich war, und die mich völlig aus dem Gleichgewicht brachte. In dieser Zeit schien ich jedes Fitzelchen Selbstwertgefühl verloren zu haben, jedes Bewusstsein meiner Identität, und ich wusste nicht, wie ich damit umgehen sollte. Ich war wie ein Junkie auf kaltem Entzug. Ich war eine Frau ohne Mann. Ich war allein. Und alles, was ich beim Erwachsenwerden gelernt hatte, alle unhinterfragten Werte des amerikanischen Mittelwestens, die ich von meinen Eltern geerbt und die mir durch meine Erziehung eingeprägt worden waren, bestärkten mich in meiner Überzeugung, dass ich ohne Mann nichts war. Ich war ein Niemand. Ohne Mann in meinem Leben hatte ich nicht die geringste Relevanz.

Schließlich tauchte ein neuer Mann am Horizont auf. Ich heiratete ein zweites Mal und war wieder sehr ehrenhaft und gnädig in die Gesellschaft aufgenommen worden. Ich erwachte, ich erstand auf vom gesellschaftlichen Tod meines erzwungenen Single-Daseins und kehrte in den sicheren Hafen des ehelichen Lebens zurück. Ich hatte wieder ein Leben, ein Zuhause, eine Familie. Ich gehörte wieder irgendwo hin. Und ich sagte mir, dass es dieses Mal perfekt sein würde. Dieses Mal würde ich das richtige Geschirr und die richtige Bettwäsche haben, ich würde die richtige Kleidung tragen und den richtigen Mann lieben, einen Mann mit solider beruflicher Reputation und mit großzügigem Einkommen. Dieses Mal würden Liebe und Beziehung funktionieren. Dieses Mal würde ich wie meine Mutter meine Erfüllung im Widerschein eines erfolgreichen und mächtigen Mannes finden. Das bin ich, sagte ich mir. Alles schien ruhig und sicher und korrekt. Doch tief im Inneren meines Unterleibs tickte eine gefährliche Zeitbombe, und als sie schließlich explodierte, ging alles, was ich über mich zu wissen glaubte, mit ihr in die Luft.

Die Lektionen der Krankheit

*Außerdem glaube ich, der Lohn für Anpassung
ist, daß alle dich mögen außer dir selbst.*

Rita Mae Brown

Als fünftes von sechs Kindern musste ich mich
mächtig anstrengen, um die Aufmerksamkeit
meiner Mutter zu erregen. Beim Abendessen saßen
bei uns zu Hause immer neun Leute am Tisch. Tag-
ein, tagaus ging es bei uns zu wie an der Grand Cen-
tral Station. Meine Mutter war immer beschäftigt,
stürmte zur Tür hinaus auf dem Weg zu einem Leh-
rerabend, einem Golfspiel, einem Einkaufsbummel,
einer Dinnerparty. Eigentlich weiß ich gar nicht genau, was sie wirklich mit ihrer Zeit anfing. Ich weiß
nur, dass ich in ihrer Abwesenheit immer furchtbar
litt. Wenn um drei Uhr nachmittags die Schule aus
war, hoffte ich jedes Mal, dass sie mit den anderen
Müttern, die ihre Töchter jeden Tag von der Schule
abholten, auf mich warten würde. *Nur dieses eine Mal,*
dachte ich. *Dieses eine Mal wird sie mich überraschen
und mit den anderen Moms in der Schlange der Autos*

stehen. Aber sie war nie da. Nie. Also ging ich zur Bushaltestelle und fuhr mit Bus Nr. 10 nach Hause. Ich war immer furchtbar enttäuscht, wenn ich zu Hause nur unsere Haushälterin wie gewöhnlich am Küchentisch sitzen und die Zeitung lesen sah. *Wie war's in der Schule?* fragte sie immer. Und in niedergeschlagenem Ton antwortete ich *Gut,* bevor ich in mein Zimmer ging, um aus der Schulkleidung zu schlüpfen und Mitleid mit mir selbst zu haben.

Das gemeinsame Abendessen war die einzige Zeit, in der sich alle Familienmitglieder um den großen Esstisch versammelten. Mein Vater saß am Kopfende des Tischs und teilte das Essen aus, das meine Mutter und die Haushälterin zubereitet hatten. Vor ihm stapelten sich die Teller, auf die er das Essen häufte und die dann in die eine oder andere Richtung – auf der einen Seite saßen die Linkshänder, auf der anderen die Rechtshänder – um den Tisch gereicht wurden. Es gab immer gebratenes Fleisch – Hühnchen, Rind oder Schwein –, zwei bis drei verschiedene Gemüsearten sowie Berge von Kartoffelbrei und Sauce. Da mein Vater Arzt und der leidenschaftlichen Überzeugung war, dass Ernährung essenziell zur Gesundheit beitragen könne, sah er ausgewogene selbst gemachte Mahlzeiten als Teil der Familientradition an. Nichts Ausgefallenes, nichts Exotisches, aber immer jede Menge Gemüse und Kartoffeln, um die Mägen meiner vier hungrigen älteren Brüder zu füllen. Die Familienmahlzeiten schienen die einzige Gelegenheit, zu der alle zusammenkamen.

Abgesehen vom Abendessen kam es mir so vor, als sei meine Mutter immer weg oder gerade dabei, innerhalb der nächsten fünf Minuten das Haus zu verlassen. Ich habe immer noch das Bild vor Augen, wie sie am Abend in einem aufsehenerregenden seidenen Cocktailkleid aus der Haustür stürzt, mit perfekt gestyltem Haar und Make-up, die tadellos manikürten Nägel in die Luft streckend, damit der blutrote Lack trocknen konnte. In militärischem Ton bellte sie letzte Befehle, während sie die Treppe hinunter und aus der Tür stürmte. Hausaufgaben sollten erledigt, Zähne geputzt und alle pünktlich ins Bett gebracht werden. Dann schloss sich die Tür hinter ihr, und im Haus war es plötzlich seltsam still.

Dann sah ich ihnen am Fenster nach, wie sie und mein Vater zu einer eleganten Cocktailparty oder einem Abendessen mit Freunden fuhren. Wir Kinder blieben in der Obhut der Haushälterin. Sie war eine furchtbare Köchin; das, was sie auf den Tisch brachte, war ohne die Aufsicht meiner Mutter immer eine Katastrophe. Dann gab es wieder eines ihrer grotesk ungenießbaren Gerichte, das sie nach einem Rezept aus dem *Ladies Home Journal* zubereitet hatte: Man nehme eine Dose Thunfisch und eine Dose Babyerbsen sowie eine Dose Campbell's Pilzcremesuppe. Diese Zutaten erwärme man in einem Topf und gebe dann die dabei herauskommende blassgraue Pampe auf Toastbrotscheiben – *voilà:* Sahnethunfisch à la surprise! Selbst heute noch kann ich mich an das Gefühl der Verzweiflung erinnern, das mich überkam, wenn ich die Rücklichter am Auto meines Vaters um die Ecke verschwinden sah und mir der widerliche Geruch von aufgewärmtem Thunfisch aus der Küche in die Nase stieg. Als ob man plötzlich den Stöpsel aus der Badewanne des Universums gezogen hätte und alle Freude gurgelnd im Abfluss verschwinden würde.

Schon in ganz jungen Jahren fand ich heraus, dass krank zu sein das beste Mittel war, die ungeteilte Aufmerksamkeit meiner Mutter zu erringen. Ein paar Windpocken, eine laufende Nase, ein bisschen Fieber, ein kleines Bauchweh – und schon saß meine Mutter bei mir auf der Bettkante. Sie machte eine wunderbare Wandlung vom fernen Objekt meiner Begierde in eine Art Florence Nightingale durch. Ich sehe sie noch heute in der Kinderzimmertür stehen, in der Hand ein neues Buch zum Ausmalen, eine Schachtel neuer Buntstifte, einen Teller mit gesalzenen Crackern und eine große Flasche Ginger Ale. Die Krankheit verschaffte mir Zugang zu meiner Mutter und zu der liebevollen Fürsorge, derer ich bedurfte. War ich krank, hatte ich sie ganz für mich allein. Natürlich nicht lange, aber immer noch besser als gar nicht. Denn schließlich war Mutter beschäftigt. Mutter hatte einen Ehemann und außer mir fünf weitere Kinder, die auch körperliche und emotionale Bedürfnisse hatten. Als ich später selbst eine Mutter war, begann ich, ihr Leben und ihre Prioritäten zu verstehen. Aber als Kind spürte ich nur eine nicht greifbare Einsamkeit. Und so wurde Krankwerden, um damit die Aufmerksamkeit meiner Mutter auf mich zu ziehen, leider zu einer schlechten Angewohnheit – zu einer, die ich mir später nur schwer wieder abgewöhnen konnte. Selbst als Erwachsene wurde ich krank, wenn ich irgendein unausgesprochenes emotionales Bedürfnis hatte. Krankheit wurde zur Sprache, mit der meine Seele ihre körperlichen und emotionalen Belange kommunizierte; Belange, die so komplex waren, dass sie manchmal schwer zu verstehen, geschweige denn auszudrücken waren. Diese Angewohnheit legte den

Grundstein für den langen Kampf mit meiner Unterleibserkrankung.

Nach meinem 40. Geburtstag versuchte mein Körper, meine Aufmerksamkeit zu erregen. Was genau
vor sich ging, wusste ich nicht; ich wusste nur, dass
definitiv etwas nicht in Ordnung war. Schon mein
ganzes Leben lang hatte ich während meines Mo-
natszyklus immer sehr schwere Blutungen gehabt.
Als ich 42 wurde, wurden aus den schweren Blutungen massive, unkontrollierbare Fluten, die mich
völlig aus der Fassung brachten. Den Großteil des
Monats blutete ich und hatte nur eine Woche, um
mich zu erholen, bevor es wieder Land unter hieß.
Ich hielt das über ein Jahr lang aus, bevor ich endlich
zum Arzt ging, wo man Gebärmuttergeschwülste dia-
gnostizierte und mir eine Hysterektomie – die ope-
rative Entfernung der Gebärmutter – nahelegte. Das
war eine schreckliche Zeit in meinem Leben. Ich war
mitten in einer Scheidung, lebte allein in einem kleinen Apartment in einer neuen Stadt, verlor ständig
Blut, war erschöpft und hatte niemanden, der sich
um mich kümmerte.

Ich entschied mich für die Operation, da es keine
vernünftige Alternative gab. Meine fruchtbaren Jahre
lagen hinter mir, und ich wollte auch keine weiteren
Kinder bekommen. Ich fühlte mich sehr krank und
musste mich auf die Empfehlung des Arztes verlassen.
Ich schob es zwar so lange wie möglich auf, doch verschaffte mir die OP große Erleichterung. Nach meiner
Entlassung aus dem Krankenhaus erholte ich mich
noch einige Wochen und spürte, dass meine Kräfte
langsam zurückkehrten. Allmählich fühlte ich mich
wieder stark und gesund. Ich hatte darauf bestanden,

dass der Chirurg gefälligst die Finger von meinen Eierstöcken ließ, denn wenn sie erst einmal mit ihren Skalpellen und Tupfern in einem herumfuhrwerken, wollen sie gleich alles herausschneiden, was ihnen vors Messer kommt. Auf eine vorzeitige Menopause aufgrund fehlender Eierstöcke hatte ich jedoch gar keine Lust, also einigten wir uns darauf, dass nur die von den Geschwülsten befallene Gebärmutter und der Gebärmutterhals entfernt werden sollten. Meine süßen kleinen Eierstöcke versorgten meinen Körper noch Jahre später regelmäßig mit Östrogen. Nun war die Welt wieder in Ordnung und ich der Meinung, meine Unterleibserkrankung sei vorbei.

Eine paar Jahre später begleitete ich meine gerade 16 gewordene Tochter Sarah zu ihrem ersten Check-up bei meiner Gynäkologin. Ich kannte meine Ärztin Ursi schon seit Jahren und war mir sicher, dass auch Sarah sie mögen würde. Sarah erlebte gerade die erste ernsthafte Romanze ihres Lebens und wollte sich die Pille verschreiben lassen. Ich kam mir wie eine wirklich tolle Mutter vor, weil ich anerkannte, dass Sarah nun erwachsen wurde und für sich selbst entscheiden durfte, ob und wann sie ein aktives Sexleben führen wollte. Das war ein wichtiger Schritt für sie, und ich war stolz, sie dabei unterstützen zu dürfen. Da bei mir nie wieder Unterleibsbeschwerden aufgetreten waren, war ich seit der OP nicht wieder zur Vorsorgeuntersuchung gegangen. Warum auch? Einen Abstrich musste man nicht machen, da ich ja keinen Gebärmutterhals mehr hatte. Und sonst gab es da unten ja nichts zu tun. Außerdem mag ich es nicht besonders, wenn man mir mit kalten Instrumenten in der Möse herumfingert. Das war ja glücklicherweise auch nicht mehr nötig. Und doch muss ich irgendwie noch an das Modell der modernen Medizin geglaubt haben. Ich muss immer noch daran geglaubt haben, dass ein Arzt nur seine Hand oder ein Instrument in meinen Körper stecken müsste und damit alles richten könnte. Also beschloss ich, meiner Tochter ein gutes Vorbild zu sein, und vereinbarte gleich einen Untersuchungstermin für mich mit.

Während Sarah zu Ursi ins Untersuchungszimmer ging, setzte ich mich ins Wartezimmer, blätterte ein paar Modezeitschriften durch und informierte mich über die kommenden Trends. Zwanzig Minuten später kam Sarah zurück, grinste über das ganze Gesicht und wedelte mit dem Rezept für die Pille. Nun nahm sie im Wartezimmer Platz, während ich bei Ursi in die Steigbügel kletterte.

Wir plauderten ein paar Minuten über die Familie und gemeinsame Freunde, dann hüpfte ich auf den Stuhl und spreizte die Beine. Ursi richtete die Lampe auf meinen Schritt und streifte sich Gummihandschuhe über. Sie gab etwas Gleitmittel darauf und steckte ihre Finger in meine Vagina. Wie oft in meinem Leben hatte ich das schon über mich ergehen lassen müssen! Ab dem Teenageralter war ich regelmäßig zur Vorsorgeuntersuchung gegangen, um sicherzustellen, dass die versteckte weibliche Ausstattung nach Plan funktionierte. Normalerweise endete das mit einem Lächeln und einem tadellosen Gesundheitszeugnis; doch dieses Mal war es anders. Ich erinnere mich noch an den Ausdruck auf Ursis Gesicht, aus dem das Lächeln langsam verschwand. Stattdessen sah ich dort etwas, das ich noch nie zuvor gesehen hatte und nicht wiedererkannte. Mit der einen

Hand drückte sie kräftig auf meinen Bauch, während sie mit der anderen in mir herumtastete. Das tat weh. Sie starrte über meinen Kopf hinweg geradeaus und blickte mir nicht in die Augen. Sie berührte zum ersten Mal einen großen Tumor, der unerklärlicherweise an meinem rechten Eierstock gewachsen war.

Der Ausdruck auf ihrem Gesicht war so besorgt, dass bei mir alle Alarmglocken gleichzeitig losgingen. Sie unternahm den Versuch, ruhig zu bleiben, mir keine Angst zu machen, sich daran zu erinnern, wie man Patienten in einem sachlichen, professionellen Ton schlechte Nachrichten überbringt. Doch sie konnte ihre Besorgnis nicht verbergen. Was ihre Finger da tasteten, schien sie wirklich zu erschrecken. Schließlich gab sie den Versuch, emotional die Kontrolle zu behalten, auf und wechselte in den Krisenmodus. Der Tumor war groß. Er musste herausoperiert werden. Sie würde gleich im Krankenhaus anrufen und so schnell wie möglich einen Termin für mich vereinbaren. Dies duldete keinen Aufschub, man musste sich sofort darum kümmern. Ich zog mir meine Jeans wieder an und saß ihr stumm gegenüber, während sie beim Chirurgen anrief und die nötigen Vorbereitungen traf. Mein Herz hämmerte, mein Hirn dagegen war wie betäubt. Ich saß ganz still dort, wie ein Kind, und hörte ihr beim Telefonieren zu. Innerhalb von 48 Stunden würde ich auf dem OP-Tisch liegen. Einen Augenblick dachte ich, ich würde in Ohnmacht fallen, und ließ meinen Kopf in den Schoß hängen. *Geschah das alles wirklich? Lieber Gott, bitte lass mich nicht sterben!*

Wie in Trance ging ich ins Wartezimmer zurück. Meine Tochter blätterte in einer Zeitschrift. *Komm, wir gehen mittagessen,* sagte sie, sprang auf, nahm meinen Arm und wirbelte die Treppe hinunter, hinaus auf die Straße. Ich war benommen. Ich ließ sie noch etwas weiterplaudern, bevor ich versuchte, selbst etwas zu sagen. Unter einem großen Baum, der uns vor der Frühjahrssonne abschirmte, blieb ich stehen. Sie sah, wie mir die Tränen in die Augen stiegen, und blieb auch abrupt stehen. *Was ist los?* Ganz deutlich konnte ich die Angst in ihrer Stimme hören. Plötzlich überrollten mich meine Gefühle wie eine große Welle. Furcht und Angst brachen über mich herein wie ein Gewitter im Spätsommer. Ich stotterte, die Stimme versagte mir, als ich versuchte, es ihr zu sagen. Die Worte wollten einfach nicht aus meinem Mund. Als wir da so standen und ich um Worte kämpfte, tauschten wir plötzlich die Rollen. *Ich habe einen Tumor,* brach es schließlich aus mir heraus. Sie nahm mich in die Arme und hielt mich ganz fest, während ich vor Angst weinte. Und so begann meine Reise der Selbsterfahrung, die mich zu einem völlig neuen Kapitel in meinem Leben führen sollte.

Drei Tage nach der OP kamen die Ergebnisse der Biopsie aus dem Labor. Der diensthabende Arzt erklärte mir, der Tumor sei zwar groß (9,5 Zentimeter), aber gutartig. Ich brauchte weder eine Chemo noch Bestrahlung – nur Ruhe. Eine Woche Reha und dann noch eine Woche zu Hause, und ich sei wiederhergestellt. So gut wie neu, sagte er. Ich erholte mich von der OP, gab meinen gut bezahlten Angestelltenjob auf und verbrachte die nächsten sechs Monate mit Lesen, Forschen und dem generellen Versuch herauszufinden, warum ich krank war, was meine Krankheit bedeutete und wie ich wieder gesund werden könnte.

Ich hatte keine Ahnung, was mit mir geschehen oder warum es mir geschehen war. Wie hatte dieser Tumor in meinem Bauch wachsen können, ohne dass ich es merkte? Was bedeutete er? Würde ich immer wieder Unterleibserkrankungen haben, bis sie mich schließlich umbrachten? Dieser Abschnitt in meinem Leben war alles andere als aufgeräumt; ich hatte weder Antworten noch eine Idee, an wen ich mich wenden konnte. Was ich allerdings wusste, war, dass mein Körper mir etwas sagen wollte. Wiederkehrende Erkrankungen haben im Allgemeinen eine psychosomatische Ursache. Obwohl die Ärzte mir erklärt hatten, dass der Tumor nichts mit meinen Gebärmuttergeschwülsten zu tun hatte, glaubte ich das nicht. Es musste irgendeine Verbindung geben, wenn auch nicht unbedingt eine, die die westliche Medizin entdecken oder erklären konnte. Und es musste einen Weg geben, dieses unkontrollierte Gewebewachstum aufzuhalten.

Weder den Chirurgen noch den Gynäkologen traute ich. Sie taten so, als ob alles in Ordnung wäre, bis plötzlich irgendeine Krankheit auftauchte. Dann bekämpften sie die Symptome mit einem Messer oder einer Pille. Dieser Krieg mit lästigen Beschwerden erschien mir nicht mehr sicher oder vernünftig. Ich wollte wissen, was meiner schlechten Gesundheit zugrunde lag. Ich wollte wissen, *warum* ich in meinem Bauch Symptome erzeugte. Ich wollte nicht warten, bis mich die nächste Unterleibserkrankung niederstreckte. Ich tat das Einzige, das mir persönlich zu tun blieb – ich informierte mich über alternative Heilmethoden, Heilmethoden, die außerhalb der westlichen Medizin lagen. Nachdem ich die Werke einiger der bekanntesten Heiler und Autoren auf diesem Gebiet gelesen hatte, war ich davon überzeugt, dass meine Unterleibsunterkrankungen mit ungelösten emotionalen und/oder spirituellen Angelegenheiten zu tun hatten. Wo in meinem Leben ich anfangen sollte oder was ich ändern könnte, wusste ich nicht. Aber eins war völlig klar: Eine Veränderung musste es geben. Mein Leben hing davon ab.

Bei meiner Lektüre stieß ich auf die Erkenntnis, dass Krankheit und Gesundheit eine ganz deutliche energetische Struktur besitzen. Darüber wollte ich mehr wissen. Ich wollte herausfinden, wie es zur Disharmonie kam und was den Körper dazu veranlasste, krank zu werden. Ich wollte herausfinden, was das Wohlbefinden unterstützt. Ich wollte das menschliche Energiefeld verstehen, das den Energiefluss fördert oder stört. Ich wollte wieder gesund werden und das auch bleiben – und dafür musste ich mich darin unterrichten lassen. Mein eigener Körper und meine Unterleibserkrankungen waren die perfekten Lernmittel. Und wenn es mir gelang, meinen eigenen Körper zu Gesundheit und Wohlbefinden zurückzuführen, könnte ich vielleicht auch anderen dabei helfen, ihr Energiefeld ins Gleichgewicht zu bringen.

Ich schrieb mich für die internationalen Kurse eines amerikanischen Arztes ein, der *Energiemedizin* unterrichtete. Zu dieser Zeit war das Gebiet der Komplementär- oder Alternativmedizin noch relativ neu; ich war fasziniert von den radikalen Heilmethoden, die weit über die traditionelle westliche Medizin hinausgingen. Robert Jaffe wurde mein Lehrer, und diesen erstaunlichen Heiler zu treffen sollte ein ganz entscheidender Wendepunkt in meinem Leben sein. In den folgenden beiden Jahren reiste Dr. Jaffe alle paar Monate von den USA nach Europa. An den Kursen nahmen neunzig neugierige Studenten teil, die sich regelmäßig zu vierwöchigen Seminaren mit Dr. Jaffe trafen. Er teilte sein Wissen und seine tiefen Einblicke in die Medizin, in Krankheit und Heilung mit uns.

Die Kurse fanden an verschiedenen Orten überall in Europa statt. Wir kamen zusammen, um zu arbeiten, zu lernen, praktisch tätig zu werden, zu wachsen und – das traf auf viele von uns zu – um unsere Gefühle und unsere physischen Körper zu heilen. Wir lernten, energetische Strukturen zu lesen, Blockaden aufzudecken und zu lösen und das menschliche Energiefeld zu seinem natürlichen Fluss – auch bekannt als Gesundheit – zurückzubringen. Ich musste mir über die emotionalen, physischen, spirituellen und energetischen Muster klar werden, die Gesundheit entweder behindern oder fördern. Ich lernte, die Art und Weise zu lesen und zu interpretieren, auf die die Menschen den natürlichen Energiefluss und Rhythmus im Körper blockieren, womit sie die perfekte Kulisse für Krankheit erschaffen.

Ich glaube, dass Krankheit aus Wunden und negativen Erfahrungen heraus erwächst, an denen wir über einen langen Zeitraum hinweg festhalten. Krankheit ist Schmerz, Enttäuschung und Leid, das wir nicht verdaut, nicht angesehen und nicht losgelassen haben. Etwas, das wir – aus welchem Grund auch immer – nicht loslassen können. Das klebrige, schwere alte Zeug verstopft das Energiefeld, wie die Autos in einem Stau die Straßen verstopfen. Um in guter Gesundheit leben zu können, müssen wir uns unseren inneren Wunden stellen und ihre bewusste Interpretation neu strukturieren. Wie eine Bombe, die entschärft werden muss, erfordert Heilung, dass wir unsere persönlichen Themen finden, verstecktes Material ins Bewusstsein holen und störende Blockaden auflösen. Ist die Krankheit schon weit fortgeschritten und das Energiefeld bis zum Platzen mit alten Vorstellungen und Programmen angefüllt, ist dieser Prozess sehr schwierig. Für mich ergab der energetische Weg, meinen Körper zur Gesundheit zurückzuführen, sehr viel Sinn. Allmählich begriff ich, dass wirklich frei zu werden für mich der Schlüssel zu einem Leben voller Gesundheit war.

Es dauerte viele Jahre, bis ich die Transformation, die in dieser ersten Zeit mit Dr. Jaffe begann, ganz verstanden hatte. Meine persönliche Energie läuft sehr direkt über den Ausgleich weiblicher und männlicher Aspekte in mir selbst ab. Energetisch gesprochen ist der Sitz des Ausgleichs von männlich / weiblich, Yin / Yang und gebend / empfangend der Bauch, der in der Heiltradition des Yoga als zweites Chakra bekannt ist. Meine Identität als Frau, meine individuelle Kraft als weibliches Wesen hat ihre Wurzel im Energiezentrum knapp unterhalb des Nabels. In diesem speziellen Teil meines Körpers hatten die Chirurgen wiederholt unkontrolliert gewuchertes Gewebe entfernen müssen. Ich stelle mir das gern wie eine riesige Menge Lebensenergie vor, die sich durch einen schmalen Gartenschlauch zwängen musste. Irgendwann musste der Schlauch ja platzen! Bis es mir gelang, dieses Energiezentrum ganz zu öffnen und die Energie frei fließen zu lassen, würde ich immer wieder Krankheitssymptome entwickeln. Ich begriff, dass Gesundheit für mich bedeutete, dem Fluss der

Energie ihren Lauf zu lassen und in meinem Leben Platz für eine enorme sexuelle Kraft zu schaffen. Die Herausforderung bestand damals wie heute und wird auch noch für den Rest meines Lebens darin bestehen, meinem sexuellen Selbst so authentisch und schamfrei wie möglich Ausdruck zu verleihen.

Heute kann ich zugeben, dass ich eine Frau bin, die Männer liebt. Ich liebe Sex, Spiel, Fantasie und ekstatische Erfahrung jeder Couleur. Ich liebe es, Grenzen zu überschreiten, Regeln zu brechen, Chancen zu ergreifen und neues, unerwartetes Pleasure zu entdecken. Ich habe mich dem Prinzip verpflichtet, immer wieder das Alte gehen zu lassen und das Neue zu empfangen. Ich bin eine wilde Frau, die ihren eigenen Weg geht und ihre eigenen Ziele verfolgt. Das bin ich, und ich schäme mich nicht, das zuzugeben. Allerdings war das nicht immer so. Ich wuchs in einer Kultur auf, die es mir nahezu unmöglich machte, zu meiner wilden Natur zu stehen. Heute hält man mich für einen provokativen, gefährlichen sexuellen Sonderling. Als ich noch jünger war, hatte ich Angst vor der wilden Frau in mir und davor, wie sie mein Leben ruinieren könnte. Die kulturellen Parameter, die mein Leben bestimmten, standen in diametralem Gegensatz zu dem mir angeborenen freien und ungebändigten Geist. Was mich in meiner Jugend am meisten beeinflusste, war das Bedürfnis dazuzugehören. Ich wusste zwar immer, dass ich im Grunde meines Herzens wild und ungezähmt war, sehnte mich jedoch auch nach Akzeptanz, danach, wie jeder andere zu sein. Mein freier Geist wurde von meinem alles überragenden Wunsch geknebelt, einen guten Mann zu finden und ein sicheres Leben als Ehefrau und Mutter zu führen. Ich war davon überzeugt, dass ich nur ein glückliches Leben führen würde, wenn ich meiner Mutter nacheiferte, den richtigen Mann fand und mich darin übte, ihm eine gute Frau zu sein.

Ich wusste, was die Gesellschaft von mir als Frau erwartete. Und sehr lange habe ich versucht, es jedem recht zu machen. Rückblickend kann ich jedoch ehrlich sagen, dass ich in meiner Rolle als Ehefrau und Mutter nicht die beste Performance meines Lebens abgeliefert habe. Ich habe sicherlich mein Bestes versucht; es ist mir aber nicht gelungen, meinen ungezähmten Geist den Herausforderungen eines Ehemanns und einer Familie unterzuordnen. Vielleicht ist das auch eine Generationsfrage. Vielleicht treffen junge Frauen heute die bessere Wahl. Das hoffe ich jedenfalls. Doch in den Jahren, in denen ich mir ein eigenes Leben schuf, war ich ständig damit beschäftigt, mich auf die Bedürfnisse anderer zu konzentrieren. Das tat man als Frau einfach. So wurde es mir von meiner Mutter und allen anderen Frauen in meiner Umgebung vorgelebt. Der Geist, der mich auf einzigartige Weise auszeichnete, wurde gezähmt und hinter Schloss und Riegel gesperrt. Ich wurde eine *gute Frau,* und das machte mich schließlich krank.

Wieder gesund zu werden hieß, meine authentisch feminine Natur zu entdecken, auf meinen Bauch zu hören und es meinem innersten Wesen zu gestatten, mich im Leben zu führen. Es hieß, mich von den Erwartungen der äußeren Welt zu trennen und den Teil in mir ehren zu lernen, der am realsten und lebendigsten war.

Wir leben in einer Welt der Polarität. Alles, was wir erfahren oder lernen können, unterliegt zwei Aspekten. Wir können Licht nicht ohne Dunkelheit wahrnehmen. Kalt/warm, schlafen/wachen, männlich/weiblich, selbst unser Atem ist das Ergebnis zweier Gegensätze. Das eine ist nicht besser als das andere, nur anders. Die beiden Seiten sind gleichwertig, aber gegensätzlich. Und jede Seite hat ihren ganz speziellen Charakter. Der Einatem füllt die Lunge. Er saugt die Luft ein, die den Körper nährt. Der Ausatem entsorgt das, was der Körper nicht mehr braucht. Ohne dieses Aufnehmen und Loslassen würde das System zusammenbrechen. Beide Tätigkeiten sind lebenswichtig. So einfach und unwillkürlich das Atmen uns auch erscheinen mag, es ist die Basis des Lebens. Ohne sie würden wir bald sterben. Und daneben gibt es noch Tausende weiterer solcher Balanceakte in unserem Körper, die uns am Leben halten und für unser Wohlbefinden sorgen. Gesundheit hängt zu einem Großteil vom Gleichgewicht der gegensätzlichen Kräfte im System ab.

Ebenso werden die Aspekte maskulin/feminin, Yin/Yang durch das menschliche Energiesystem ständig miteinander vermischt und dadurch verfeinert. Die Lebensenergie strömt hinein und fließt wieder hinaus, sie umgibt uns, durchströmt uns, ist ständig in Bewegung, pulsiert, entfaltet sich, nährt uns. Wir sind immer Teil dieses riesigen Energieflusses. Meine Erkrankung, die Tumoren, die mein Körper erzeugt hat, wiesen auf ein Ungleichgewicht hin, eine Blockade im natürlichen Energiefluss. Die kraftvolle Energie, die mich durchströmen wollte, wurde daran gehindert. Sie wurde durch meine Gedanken, Glaubenssätze und Überzeugungen, durch die Entscheidungen, die ich in meinem Leben getroffen habe, durch meine tiefe Sehnsucht, alles richtig zu machen und dazuzugehören, behindert, unterbrochen und umgeleitet. Wenn ich geheilt werden wollte, hatte ich nur eine Wahl. Entweder ließ ich die Energie mit meinem persönlichen Thema des Yin/Yang wie einen reißenden Fluss ohne Grenzen dahinströmen. Ich könnte meinem wilden innersten Wesen erlauben, der Herr im Haus zu sein. Oder ich fuhr fort, den Energiefluss zu unterdrücken, einzuschränken und zu kanalisieren, auf dass mein Körper weiterhin Tumoren erzeugte. Entweder ließ ich mein Leben von der Gesellschaft und ihren Werten bestimmen und begrenzen oder ich hieß die wilde Frau in mir willkommen und wurde wieder gesund. Die Entscheidung fiel mir nicht schwer. Eigentlich hatte ich gar keine Wahl.

In den zwei Jahren, in denen ich an den Kursen zur Energiearbeit teilnahm, arbeitete ich sehr hart und fand viel über meine inneren Strukturen und Energiemuster heraus. Ich verabschiedete mich von vielen Konditionierungen hinsichtlich Familie, Beziehung, Liebe und Sexualität. Ich begann, für mich neu zu definieren, was es bedeutete, eine Frau im Allgemeinen und eine machtvolle Frau im Besonderen zu sein. Doch ich hatte noch einen langen Weg vor mir, bevor ich lernte, auf meine eigenen Bedürfnisse und Wünsche zu hören und mir das vom Leben zu nehmen, was ich wollte. Meine Reise war noch lange nicht zu Ende.

Als sich unsere Abschlussprüfungen näherten, landete ich mit einem der Lehrer im Bett. Bis zu diesem Zeitpunkt war ich meinem Ehemann noch nie untreu gewesen, ich liebte ihn sehr. Wir führten eine glückliche und erfüllte Beziehung. Doch rückblickend glaube ich, dass mich das Abenteuer gesucht hat und eine wichtige Lektion für mich mitbrachte.

Henry war ein sehr professioneller, klassisch ausgebildeter Arzt und arbeitete schon seit einigen Jahren mit Dr. Jaffe zusammen. Schon lange bewunderte ich ihn aus der Ferne, hielt mich jedoch zurück, da wir alle sehr mit unserer Arbeit beschäftigt waren. Und als monogame Ehefrau war es mir ohnehin nie in den Sinn gekommen, meinen Ehemann zu betrügen. Doch als sich die Kurse ihrem Ende näherten und klar wurde, dass wir uns wahrscheinlich nie wiedersehen würden, ließen Henry und ich uns auf einen Flirt ein. Was als respektvolle Bewunderung begonnen hatte, entwickelte sich plötzlich zu mehr. Wir hatten beide das Gefühl, von der verbotenen Frucht unserer gegenseitigen Anziehung kosten zu dürfen. Auch Henry hatte seine Frau, die ebenfalls im Team arbeitete, nie zuvor betrogen. Die Vorstellung machte ihm Angst, doch konnte er der Kraft unserer wachsenden Begierde füreinander kaum widerstehen.

Ohne viel Aufhebens nahm ich eines Abends seine Hand und führte ihn in mein Zimmer hinauf. Sanft küsste und streichelte ich ihn, dann zog ich ihn in mein Bett. Dass wir so hungrig aufeinander waren, überraschte uns beide; es war wunderbar, die Grenzen niederzureißen, uns ganz zu öffnen und das unartige Vergnügen zu genießen, ohne an die Konsequenzen zu denken.

In diesem sehr intimen Raum, der durch unseren Sex miteinander entstand, erzählte er mir von den Frustrationen und Schwierigkeiten, die er mit seiner Frau hatte. Ich hörte ihm einige Augenblicke lang in der Dunkelheit zu. Dann gab ich ihm einen feuchten Kuss, legte meine Hand auf seinen steifen Schwanz und forderte ihn damit auf, mich zu ficken statt zu reden. Als er in mich eindrang, bewegte er sich zuerst schüchtern und respektvoll. Doch allmählich reagierte er auf meine subtilen Ermunterungen und pflügte tief in meine warme, einladende Fotze. Plötzlich veränderte sich etwas in ihm. Ich spürte, wie ein innerer Widerstand brach, als ob er aus einem betäubenden Schlaf erwachte. Er fickte mich lange sehr intensiv, während er sich etwas abstützte und mir tief in die Augen sah. Mit den Jahren habe ich solche Augenblicke immer wieder erlebt: der Augenblick, in dem sich ein Mann öffnet, weil er sich das erste Mal ganz von einer Frau willkommen geheißen fühlt. Als er schließlich kam und dabei heulte wie ein wildes Tier, zitterte er am ganzen Körper und wurde dann still. Gegen Mitternacht küsste er mich sanft und verschwand in die Nacht hinaus. Ich fiel in einen traumlosen Schlaf und erwachte erst spät am folgenden Morgen.

Nach der Morgenmeditation am nächsten Tag kam Henry zu mir. Er sah entspannt und sehr glücklich aus. *Du bist ganz erstaunlich,* sagte er. *Jetzt weiß ich, was du bist. Du bist eine sexuelle Heilerin, und ich werde mich immer voller Dankbarkeit an die Nacht erinnern, in der du meine gebrochene Seele geheilt hast.* Damals hatte ich keine Ahnung, wovon er sprach, doch mit der Zeit erwies sich das, was er sagte, als wahrhaft prophetisch.

Als sich meine zweijährige Ausbildung bei Dr. Jaffe ihrem Ende näherte, hatte ich viel über mich selbst gelernt. Ich wusste nun, dass die Krankheit die Art meines Körpers war, den unaussprechlichen, versteckten Botschaften des Unbewussten Ausdruck zu verleihen. Um gesund zu bleiben, musste ich gut zuhören und dem intensiven inneren Rhythmus meines physischen Körpers folgen. Ich wusste nun, dass das Öffnen meines zweiten Chakras bedeutete, meine Sexualität ohne Scham oder Zurückhaltung auszuleben. Mit der mächtigen Kraft meiner authentischen sexuellen Identität würde ich nicht nur mich selbst heilen, sondern auch die Hunderte von Frauen, die an meinen Workshops teilnehmen sollten. Mein Bauch wurde nicht nur zur Quelle der Lust, sondern auch zum Portal, durch das die nicht enden wollende Lebensenergie frei strömte.

Am Leben zu sein, offen zu sein für das Abenteuer des Lebens heilte meine Unterleibserkrankung dauerhaft. Seit ich von einem Abenteuer zum nächsten tanze und mich dabei immer mehr zu der Göttin entfalte, zu der ich geboren wurde, war die Gesundheit stets meine treue Begleiterin.

Die Arbeit mit Frauen

Die große Frage, die ich trotz meines dreißig-
jährigen Studiums der weiblichen Seele nicht
zu beantworten vermag, lautet: »Was will eine
Frau eigentlich?«

Sigmund Freud

Die Frauen sitzen nervös im Kreis auf ihren Meditationskissen. In der Mitte habe ich einen
kleinen Altar auf einem blutroten Tuch hergerichtet.
Das Tuch aus seidigem Samt tut nun schon seit fast
zwanzig Jahren seinen Dienst. Es ist voller Wachs-
flecken und Wasserränder, an einigen Stellen ist es
schon sehr fadenscheinig. Ich gehe äußerst sorgsam
damit um, da es die kollektive weibliche Energie ent-
hält, die sich seit Beginn unserer gemeinsamen Arbeit angesammelt hat. Es ist wie ein alter Freund. In
die Mitte des Altars stelle ich immer einen frischen
Blumenstrauß. Darum herum stehen kleine Statuen
der Göttin in ihren vielfältigen Formen: eine grüne
Tara aus Asien, eine grob geschnitzte Holzstatue aus
Afrika, sogar ein wie die Göttin geformter Dildo aus

Acryl. All diese Figuren spiegeln die Präsenz der Göttin in unserer Mitte wider.

Ich lade die Frauen auch immer dazu ein, ein Schmuckstück auf den Altar zu legen, damit es sich mit der Energie der weiblichen Macht vollsaugt, die sie dann am Ende des Workshops mit nach Hause nehmen können. Der Altar ist ein Symbol all derjenigen Frauen heute, die ganz bewusst ihr kraftvolles spirituelles Wesen zurückfordern. Und das Herrichten des Altars zu Beginn der Seminare erinnert mich daran, dass jede Frau in unserem Kreis das Göttliche verkörpert.

Es ist Freitagabend. Die Frauen sind aus ganz Europa gekommen, um an meiner MASTER CLASS teilzunehmen. Wir sitzen ein paar Minuten still zusammen, dann fordere ich die Frauen auf, sich vorzustellen und der Gruppe mitzuteilen, an welchem Punkt ihrer sexuellen Reise sie bislang angekommen sind. Für die meisten Frauen bedeuten diese ersten Worte eine extreme Stresssituation, selbst wenn sie schon an verschiedenen anderen Workshops teilgenommen haben. Sich einer Gruppe von Fremden in wenigen Worten selbst zu beschreiben, ist für fast jeden eine qualvolle Erfahrung. Ich erläutere der Gruppe, was ich hören will. Die übliche Litanei an Details, mit denen wir uns normalerweise definieren, interessiert mich überhaupt nicht. Ebenso wenig interessieren mich Familienstand, Ehemänner, Liebhaber, Freunde oder Kinder. Ich will von den Frauen nicht wissen, wo sie zur Schule gegangen sind oder welche Stufe der Angestelltenleiter sie erklommen haben. Es interessiert mich nicht, welches Auto sie fahren oder wo sie wohnen.

Die externen Aspekte ihres Lebens, gewissermaßen die Auslagen im Schaufenster, sind zu diesem Zeitpunkt nicht relevant. Von unserem ersten bis zum letzten Atemzug sind wir sexuelle Wesen. Und ich interessiere mich *ausschließlich* dafür, wo sich die Frauen als individuelle sexuelle Wesen befinden. Unabhängig davon, ob wir eine Beziehung haben, aus welchem Land wir kommen, welche Farbe unser Haar hat oder wie viel Geld wir auf dem Konto haben, haben wir alle eine sexuelle Identität. *Wie also sieht die aus? Wer bist du sexuell gesehen? Erzähl mir von dir und deiner sexuellen Reise. Wo bist du jetzt, und wohin geht die Reise?* Normalerweise folgt darauf eine lange verlegene Stille. Es verwirrt die Frauen, wenn sie versuchen, in diesem Kontext über sich selbst zu sprechen.

Zu meiner Rechten sitzt Sarah, eine Frau Mitte 40. Ich wende mich ihr zu und lade sie ein zu beginnen. Sie lächelt schüchtern, während sie überlegt, was um Gottes willen sie uns über ihre Sexualität erzählen soll. *Es gibt nicht viel zu erzählen, seit mein Mann mich vor fünf Jahren wegen einer anderen verlassen hat. Ich bin Single. Verabredet habe ich mich seitdem selten, trotzdem wüsste ich gern, wie ich wieder mitmischen kann. Deshalb bin ich hier. Ich hätte gerne wieder einen Mann in meinem Leben, jemanden, der mich liebt und an den ich mich anlehnen kann. Ich glaube, dass ich dafür jetzt wieder bereit bin.*

Ich reagiere erst einmal nicht auf das emotionale Drama, das sie uns hier präsentiert. Stattdessen frage ich sie: *Bist du orgasmisch? Du bist allein, also masturbierst du regelmäßig?* Mit diesen provokanten Fragen möchte ich den Fokus wieder auf *Pleasure* richten bzw. auf den Mangel daran und auf ihren persönlichen sexuellen Ausdruck. Sie denkt, hier geht es um ihren Exmann und ihre Einsamkeit. Sie glaubt, dass allein der Entschluss, wieder einen Mann haben zu wollen, ausreicht, dass dieser Wunsch Wirklichkeit wird. Egal, wie deutlich ich die Frage stelle – *Wer bist du sexuell gesehen?* –, ich bekomme fast immer solche Antworten.

Leider nehmen viele Frauen an, Sexualität existiere nur gemeinsam mit einem Partner. Sie sind davon überzeugt, dass du einen Mann brauchst, um *richtigen* Sex zu haben. Sex so zu definieren, ist unglaublich restriktiv. Und es spiegelt schlicht nicht die wahre dynamische Kraft der weiblichen Sexualität wider. Ich möchte den Frauen bewusst machen, wie sie die Verantwortung für sich und ihr eigenes Verlangen scheuen. Ich möchte, dass sie allmählich merken, an welchen Stellen sie unaufmerksam und hilflos geworden sind. Befriedigender Sex mit dem Partner stellt sicherlich eines der Ziele dar, die ich in meiner Arbeit mit Frauen verfolge, doch darauf konzentrieren wir uns erst viel später. Zunächst ist es wichtig, dass die Frauen herausfinden, wer sie sind und welchen persönlichen sexuellen Geschmack sie haben. Das müssen sie herausfinden, bevor sie in den tiefen, erfüllenden Sex mit einem Partner einsteigen können. Viele Frauen hatten nie die Chance, den Unterschied zwischen ihrer antiquierten sexuellen Konditionierung und ihrem persönlichen, authentischen sexuellen Verlangen zu begreifen. Oft erfahren Frauen sich nur als Spiegel des Verlangens ihres Partners. Sie erfahren sich nicht außerhalb der Sexualität, die sie mit ihrem Lebensgefährten teilen.

Es ist also entscheidend, dass ich gleich zu Beginn den Schwerpunkt verlagere, weg von den Männern und der männlichen Sexualität. Andernfalls erzählt die Gruppe nur von ihren Ehemännern und was diese im Bett mögen. *Langweilig!*

Als Teenager hab ich mal versucht zu masturbieren, antwortet Sarah nun auf meine Frage. *Aber ich mag es nicht besonders, mich selbst anzufassen. Es macht mir keinen Spaß. Es fühlt sich immer irgendwie schmutzig an. Ich mag es viel lieber, einem Mann nahe zu sein. Ich brauche einen Mann, um Spaß am Sex zu haben. Einen Orgasmus hatte ich glaube ich noch nie, aber da bin ich mir nicht sicher.*

Glaub mir: Wenn du einen hattest, wüsstest du's, sage ich. Mehrere Frauen kichern nervös. Nun ist das Eis gebrochen, und wir sprechen über das Masturbieren, nicht über die Männer, die uns verlassen haben. Nun kann die Gruppe beginnen, über Pleasure zu sprechen, über unsere eigenen Orgasmen und Begierden. Natürlich weiß ich, dass alle Menschen sich nach physischer und emotionaler Verbundenheit und Gemeinschaft sehnen. Und es wird später in meiner MASTER CLASS noch einen Platz dafür geben. Doch im Augenblick verschwende ich keine Zeit. Ich lenke die Diskussion sehr direkt von den Themen weg, bei denen sich Frauen sicher fühlen (Liebe, Emotionalität, Männer, Leiden), hin zu den Untiefen der weiblichen sexuellen Begierde. Damit die Frauen ihren ganz persönlichen, authentischen sexuellen Ausdruck entdecken können, müssen sie ihre spezifische sexuelle Schwingung finden. Im Augenblick sollen sich die Frauen auf sich selbst konzentrieren. Ich möchte, dass ihnen klar wird, wie sehr sie die Verbindung verloren haben. Ich möchte, dass sie ihre sexuelle Konditionierung hinterfragen. Ich möchte ihnen dabei helfen, sich von überholten Konventionen zu verabschieden und ihr individuelles, authentisches, befriedigendes sexuelles Selbst zu entdecken. Ich möchte, dass sie verstehen, dass ihre Sexualität nichts mit jemand anderem zu tun hat. Und der erste Schritt in diesem Prozess ist es, darüber zu reden.

Tatsächlich verstummen die meisten Frauen, wenn sie zu ihrer persönlichen Lust und zu ihren sexuellen Fantasien befragt werden. Darauf fällt ihnen schlicht keine Antwort ein. Ja sicher, das romantische Bild, sich *dem Richtigen* hinzugeben – aber das entspricht nicht der Wirklichkeit des weiblichen Verlangens. Die fehlende Selbsterkenntnis der Frauen auf diesem Gebiet spiegelt die Scham wider, die die Gesellschaft fast allen Frauen eingeflößt hat. Wir haben gelernt, dass man über diese Dinge einfach nicht spricht. Okay, vielleicht sprechen wir ab und zu mit Freundinnen, nach ein paar Gläsern Wein, über die Vor- und Nachteile der Schambehaarung oder die Schwanzform des Freundes oder ähnliche Randthemen. Aber über unsere Fantasien, über unsere Begierden und Orgasmen sprechen wir nicht. Wir sprechen nicht darüber, welches Spielzeug wir am liebsten haben und wie wir es benutzen, um uns anzuturnen. Oder haben Sie schon einmal eine Frau sagen hören: *Gott, heute Morgen hatte ich einen unglaublichen Orgasmus, ich fühle mich einfach toll! Ich muss euch unbedingt von meinem neuen Spielzeug erzählen und wie ich mir damit einen runterhole.* Ich glaube kaum. Solche Intimitäten sind zwischen Frauen absolut tabu, auch heute noch, in unserer angeblich so übersexualisierten Gesellschaft.

Indem ich die Frauen so direkt darum bitte, über ihre sexuellen Geheimnisse zu reden, packe ich gleich jede lächerliche, repressive, unangebrachte Scham vor uns auf den Tisch. *Auf geht's, Ladys!* Und meiner Erfahrung nach fällt die Scham nach und nach ab, wenn die Frauen merken, dass es in Ordnung ist, zu reden und mit der Wahrheit über sexuelles Verlangen, über Fantasien und Begierden herauszurücken. Dann öffnet sich die Tür zur sexuellen Freiheit weit. In diesem Augenblick haben die Frauen ein erstaunliches Potenzial, sich zu verändern und zu wachsen.

Manchmal wissen Frauen nicht, wie sie über ihre Begierden sprechen sollen, weil diese in ihrer langjährigen Beziehung kein Thema mehr sind. Sie haben sich so vollständig auf die Begierden ihres Partners ausgerichtet, dass sie den Kontakt zum Kino im eigenen Kopf komplett verloren haben. Viele Frauen, darunter auch Sarah, haben die kleinen Wellen der sexuellen Begierde, die sie verspürten, als sie noch jung waren, nie genährt. Sie schufen nie einen Raum für die Erfüllung ihrer eigenen Begierden. Und allmählich schmolz ihre individuelle Sexualität wie Eis in der Sonne. Sie warten darauf, dass ein Mann vorbeikommt und das Feuer wieder entfacht. Ich bin mir aber nicht sicher, ob *irgendein* Mann diese Art von Feuer entfachen könnte. Und ich glaube auch nicht, dass es in der Verantwortung des Mannes liegt, das zu tun. Wir müssen uns schon selbst um unser Feuer kümmern.

Neben Sarah sitzt Muriel. Muriel ist um die 40, süß und kess, mit rund zehn Kilo Übergewicht. Sie trägt eine bunte, bedruckte Bluse mit tiefem Dekolleté, das ihre üppigen Brüste sehr vorteilhaft präsentiert, dazu eine bequeme Jogginghose und große, flauschige, rosafarbene Puschen. *Ich bin ja so aufgeregt*, ruft sie und kichert nervös, während sie ansetzt, uns ihre Geschichte zu erzählen. Als ich sie so ansehe, spüre ich, dass sie in ihrem Körper nicht wirklich verankert ist. Sie fühlt sich abgekoppelt. Ihre überschäumende Fröhlichkeit scheint einen tief liegenden Quell der Enttäuschung zu verbergen. Sie versucht kurz, sich zu sammeln, bevor sie fortfährt: *Ich bin verheiratet und ich liebe meinen Mann. Ich masturbiere manchmal und ich mag es auch, so zu kommen. Vom Penetrieren bekomme ich keine Orgasmen, das frustriert meinen Mann ziemlich. Ich weiß nicht, ob du mir damit helfen kannst. Ich bin als Kind missbraucht worden. Vielleicht hat das etwas damit zu tun.* Ihre Stimme ist kindlich, in ihr schwingt eine künstliche Unschuld mit. Ich merke, wie sich die Energie im Raum verlagert, als das Thema Missbrauch zur Sprache kommt.

Missbrauch ist immer ein Thema, wenn Frauen über sich selbst sprechen. In welcher Gruppe auch immer: 75 Prozent der Teilnehmerinnen glauben, in der einen oder anderen Form missbraucht worden zu sein – energetisch, psychisch, physisch, emotional oder sexuell. In dem heutigen therapiegeschwängerten Klima sehen sich Frauen oft als Opfer, sei es in der Gegenwart oder in der Vergangenheit. Wer von uns hätte keine traurige Geschichte zu erzählen? In den letzten Jahren war es in der Psychotherapie sehr in Mode, jede noch so verschwommene sexuelle Erinnerung für krank zu erklären, um damit die gegenwärtigen Probleme und Unzufriedenheiten zu rechtfertigen. Der böse Onkel wurde zur Wurzel der sexuellen Funktionsstörung der erwachsenen Frau. Ich habe häufig miterlebt, dass dieser Aspekt der sexuellen Geschichte einer Frau übertrieben und verzerrt wurde. Natürlich gibt es auch Ausnahmen. Doch zu oft wurden Grenzüberschreitungen in der Vergangenheit zum Sündenbock für die Selbstentmachtung in der Gegenwart gemacht. Ich habe Verständnis dafür, dass die betroffenen Frauen dieses Thema in der für sie angemessenen Weise aufarbeiten wollen. Wenn das ein Thema für dich ist, sage ich den Frauen, such dir einen guten Therapeuten – und die gibt es da draußen haufenweise – und arbeite das Thema auf.

Hast du wegen des Missbrauchs schon mal mit einem Therapeuten gesprochen? frage ich Muriel. Ja, sie arbeitet schon seit Jahren daran. *Großartig. Dann wirst du verstehen, dass wir uns hier und jetzt nicht darauf konzentrieren. Es gibt so viele Therapeuten, die tolle Arbeit mit Missbrauchsopfern leisten. Es gibt so viele Menschen, die dich unterstützen und dir dabei helfen können, dass diese schmerzhaften Erfahrungen aus der Vergangenheit heilen. Mein Job ist es, dir dabei zu helfen, ins Heute vorzudringen und deinen Weg zu Pleasure zurückzufinden – Pleasure in der Gegenwart – dein Pleasure – jetzt. Lass mich dich zu Pleasure zurückführen. Darum geht es in unserer Arbeit.* Ich verspreche ihr, dass sie im Laufe des Kurses lernen wird, vaginale Orgasmen zu haben. Dazu ist die Arbeit mit dem G-Punkt da. Muriel wirkt erleichtert. Sie verstummt und nickt der Frau neben ihr zu.

Mit ihren 22 Jahren, ihrer hellen, seidigen Haut und dem kurzen blonden Haar ist Lil sehr hübsch. Darüber hinaus hat sie auch noch jede Menge Attitüden. Sie spricht sehr schnell und lässt ihre Augen fragend im Kreis herumschwirren, wo sie nach Be-

stätigung sucht. Ich kann mich kaum darauf konzentrieren, was sie sagt, sie redet und redet in einem
endlosen nervösen Monolog. Sie ist viel jünger als
die meisten Frauen, die zu mir kommen, die sind im
Durchschnitt zwischen 35 und 40. Seit Kurzem kommen allerdings auch immer mehr Frauen zwischen
20 und 30. Trotz ihrer chaotischen Art, sich vorzustellen, strahlt Lil eine sehr anspruchsvolle, sexy Energie
aus. Sie erzählt uns, dass sie ihr Geld als *Escort* in einer großen europäischen Stadt verdient und dass sie
liebend gern fickt. Ihr einziges Problem: Sie komme
zu schnell. Wenn die Frauen sich vorstellen, fällt mir
manchmal der Unterschied zwischen dem, was sie zu
sein glauben, und dem, was unter ihrer emotionalen
Schutzschicht hervorlugt, auf. Lil zeigt uns eine Fas-
sade tougher Selbstsicherheit, die der Welt überdrüs-
sige Kurtisane, die mit 22 schon alles gesehen hat.
Doch meine Intuition sagt mir, dass sich unter all
dem farbenprächtigen Geplauder eine extrem emp-
findsame Seele verbirgt. Als ich merke, dass sie nicht
weiß, wie sie zu einem Ende kommen soll, unterbre-
che ich sie und bitte sie, zu reden aufzuhören. Das tut
sie auch sofort und sieht mich über den Kreis hinweg
ruhig an. Dann sage ich: *Danke, Lil. Die Nächste bitte.*
   Die Vorstellungsrunde ist immer sehr schwierig,
weil die Frauen aus ganz unterschiedlichen Ecken
kommen, sowohl geografisch als auch emotional.
Sie sind müde von der Reise und haben Angst vor
den Herausforderungen, die im Workshop auf sie zu-
kommen; sie fühlen sich bei dem Seelenstriptease,
der bereits begonnen hat, unwohl. Es bedarf großen
Mutes, sich auf diese provokative sexuelle Selbst-
erfahrungsgruppe einzulassen. Sie wissen nicht, was

sie erwartet. Sie wissen nicht, was sie hinter sich lassen werden oder wo sie enden werden. Einzig ihr Bauchgefühl sagt ihnen, dass dies der nächste Schritt in ihrer persönlichen Entwicklung ist, und sie sind bereit, das Abenteuer anzutreten. Sie begeben sich in meine Hände und nehmen an einem Kurs teil, der ihr Leben auf noch unbekannte Weise verändern wird. Ich liebe sie für ihren Mut und das Vertrauen, das sie mir schenken.

Die Vorstellungsrunde dauert noch den ganzen Abend. Eine Frau nach der anderen erzählt von sich, und schließlich wünsche ich allen eine gute Nacht und gehe ins Bett. Was bis jetzt gesagt wurde, ist nicht weltbewegend. Die Worte, Ideen und Interpretationen sind ohnehin fast ausschließlich Gedankenkonstrukte, die die wahre Persönlichkeit dieser Frauen nicht widerspiegeln. Wichtig ist nur, dass sie den Fokus nach innen richten und sich dem Raum öffnen, den sie dafür vorgesehen haben, mehr über sich selbst herauszufinden. Morgen ist ein neuer Tag, der die Frauen auf ihrer Reise der Selbstentdeckung weiterbringen wird.

Samstagmorgen. Ich stehe um sechs auf, dusche, ziehe mich an und gehe im frühmorgendlichen Sonnenschein spazieren. Das Seminargebäude liegt in wunderschöner Landschaft inmitten von Wäldern, grünen Weiden und endlosen sanften Hügeln. Im Sommer grasen auf fast jedem Hang Kühe und Schafe, doch so früh im Jahr sind die Tiere noch im warmen Stall, und die hellgrünen Hügel deuten nur zart an, was noch kommen wird. Auf dem Weg ist es ganz ruhig, nur der Kies knirscht unter meinen Schritten, und die ersten Vögel des Morgens flattern zwischen den Zweigen nahe gelegener Bäume hin und her. Ich bin zwar von Haus aus kein Frühaufsteher, liebe aber diese Zeit zu Beginn eines Workshops, wenn ich die Energie aufbringe, mich vor allen anderen aus dem Bett zu schwingen.

Meine Workshops folgen einer bestimmten Struktur, und ich weiß, in welche Richtung ich die Frauen bewegen muss; doch ich nutze diese Zeit am frühen Morgen jedes Mal, um mich in die spezielle Gruppe einzufühlen. Ich denke über die Frauen in unserem Kreis nach. Ich lasse jede einzelne von ihnen durch meinen Geist schweben und halte sie einen Augenblick lang dort fest. Meine Assistentin hat dafür gesorgt, dass die Ausrüstung an ihrem Platz ist, dass der Raum vorbereitet ist, dass Kerzen auf dem Altar stehen und auch alle anderen Details stimmen. Sie schafft mir den Freiraum, im Geist nach Inspiration zu suchen.

Ich bin kein religiöser Mensch, aber zutiefst spirituell. Damit meine ich, dass ich keiner organisierten Religion – welcher Art auch immer – angehöre. Ich spüre allerdings eine tiefe Verbundenheit zu etwas jenseits meiner selbst, jenseits meines Egos, zu einem Geist oder einer Energie, die alles, was ist, verbindet und durchdringt. Zur Vorbereitung auf die Arbeit des Tages nehme ich mir vor, den Geist arbeiten zu lassen, während ich (und mein Ego) zur Seite treten. Während ich in der kühlen Morgenluft spazieren gehe, gleite ich in die meditative Leere, an nichts Bestimmtes denkend, nichts planend. Ganz im Nichts/ Nirgendwo sein, ganz im Hier und Jetzt, im Augenblick. Ich höre die Geräusche um mich herum, die Kälte beißt mir in die Wangen, ich spüre, wie mein

Körper aufwacht, während ich einen Schritt nach dem anderen tue, doch mein Geist ist ganz ruhig. Dieser Zustand der ruhigen Einsamkeit öffnet mich und ermöglicht es mir, jeder Frau zuzuhören und sie auf die liebevollste und wirksamste Weise, die mir nur möglich ist, zu unterstützen.

Nach dem Frühstück versammeln wir uns im Seminarraum zur Morgenmeditation. Vor jeder Sitzung in meinen Workshops führe ich zunächst eine Bewegungsmeditation und danach eine stille Meditation durch. Ich schließe meinen iPod an die Lautsprecher an und lasse meine Lieblingstanzlieder laufen. Dafür habe ich verschiedene Listen zusammengestellt, die alle jeweils rund 15 Minuten dauern. Die Frauen können den Hintern bewegen, bis ihnen das Herz zum Halse schlägt und ihr Körper schweißüberströmt ist. Wie bei jeder Meditation, so wird auch hier nicht gesprochen. Die Absicht dahinter ist es, den Körper intensiv zu spüren und ihn sich so bewegen zu lassen, wie er will. Hört die Musik auf, bitte ich die Frauen, zur stillen Meditation im Kreis Platz zu nehmen. Wir lassen uns auf Meditationskissen oder Matten nieder, und im Raum wird es ganz still. Ich finde diesen Übergang von Bewegung zu Stille immer unglaublich inspirierend. Zu spüren, wie der Körper sich langsam wieder beruhigt, wie sich der Puls verlangsamt, wie auch der Geist ruhig wird. Wenn wir dieses Phänomen im Körper beobachten, denken, planen und tun wir weniger. Der Geist lernt es, loszulassen, ruhig zu werden, still zu sein.

Nachdem wir aus der Stille zurückgekehrt sind, erzähle ich eine Geschichte aus meiner Kindheit. Ich ging auf eine prestigeträchtige Klosterschule für

Mädchen. In den ersten zwölf Jahren trug ich jeden Tag eine Schuluniform. Im Laufe der Jahre veränderte sie sich ein bisschen, doch im Grunde genommen war es immer eine Variation aus grauem Flanellkleid, weißer Bluse darunter, grauem Blazer, grauen Kniestrümpfen und dunkelblauen Schnürschuhen. Die großen, klobigen Schuhe waren ausgesprochen hässlich, aber auch ebenso bequem. Man erwartete von den Mädchen, dass sie sie polierten und in gutem Zustand hielten. Ich war nicht so begabt darin, Verantwortung für meine Schuhe zu übernehmen, weil ich damals fand, dass sie furchtbar altmodisch aussahen; doch hätte ich heute noch ein Paar davon, würde ich sie ständig tragen.

Eines montags morgens, ich war damals ungefähr acht Jahre alt, wachte ich auf und fand keine sauberen Unterhosen in meiner Schublade. Ich wusch mir durchs Gesicht, putzte meine Zähne, kämmte mich und zog mich wie gewöhnlich an. Ich wollte mir vor dem Frühstück ein paar frische Unterhosen aus der Wäschekammer neben der Küche holen. Ich hüpfte die Treppe hinunter in die Küche, wo meine Mutter gerade heißen Porridge servierte. Bei ihr schmeckte der Haferbrei immer unglaublich gut, da sie Unmengen zerlassener Butter daruntermischte und einen Klecks Sahne sowie großzügig Zimtzucker darauf gab. Also vergrub ich gleich meinen Löffel darin und ließ mir die warme Süße die Kehle hinunterrinnen.

Plötzlich ertönte ein lautes Hupen, und meine Mutter rief, ich solle mich beeilen, sonst würde ich den Bus verpassen. Ich schnappte mir meine Büchertasche und meinen Blazer und rannte aus dem Haus zur Straße hinunter, wo der Bus mit laufendem Motor wartete. Die Tür sprang auf, ich stieg ein, begrüßte den Busfahrer und ging den Gang hinunter, während der Bus sich in den fließenden Verkehr einfädelte. Als ich mich auf meinen Platz setzte, berührte der kalte Ledersitz das empfindliche nackte Fleisch an der Rückseite meiner Beine, und plötzlich schoss es mir siedendheiß durch den Kopf, dass ich keine Unterhose anhatte! Ich schämte mich unsäglich. Die Scham kam aus meinem tiefsten Inneren, und mein unschuldiges kleines Gesicht verfärbte sich augenblicklich dunkelrot. Schnell drehte ich mich zum Fenster und sah hinaus, damit es niemand bemerken würde – und damit begann der grauenvollste Tag meines jungen Lebens.

Den ganzen Tag lang versuchte ich, jegliche Bewegung zu vermeiden. Als die anderen Mädchen in der großen Pause nach draußen rannten, um auf dem Klettergerüst herumzutoben, zu schaukeln und den Abhang herunterzurutschen, stand ich nur züchtig daneben und sah zu. Ich war damals immer noch sehr quirlig; einfach nur rumzustehen, entsprach so gar nicht meiner Art. Meine beste Freundin, Susie S., wollte, dass ich mit ihr spielte, rannte, Seil sprang oder *irgendetwas* tat, doch ich sagte immer nur: *Mir ist nicht danach.* Ich erzählte niemandem – auch später nicht – von meiner peinlichen Lage, und irgendwann war der Schultag endlich vorüber. Ich nahm den Bus nach Hause und schlüpfte aus der Schuluniform in meine bequemen Jeans – natürlich mit einer frischen Unterhose darunter.

Als Erwachsene habe ich oft über dieses Erlebnis nachgedacht; wie verletzlich ich war, nur weil irgendjemand meine Genitalien hätte sehen können. Damals, in diesem zarten Alter erschien mir das wie das Beschämendste und Frevelhafteste überhaupt. Ich bin mir sicher, dass meine Mutter mir nie gesagt hat, den Rock unten zu halten oder mich zu bedecken. Die Scham kam also nicht direkt von ihr. Sie hielt mir keine Predigten über Züchtigkeit, zumindest kann ich mich nicht daran erinnern. Es war eher eine Art intuitives Wissen, das ich in der einengenden Umgebung, in der ich aufgewachsen bin, unbewusst aufgenommen habe. Die Gesellschaft schien allen braven kleinen Mädchen die Botschaft gesendet zu haben: Lass niemals jemanden zwischen deine Beine sehen. Das ist böse, das ist ekelhaft, das ist geheim.

Wenn ich heute mit Frauen arbeite, höre ich diese Botschaft immer noch, laut und deutlich. Wir sind alle so programmiert. Also fangen wir in den Workshops auch genau da an: zwischen unseren Beinen. Und weil ich weiß, dass es für jede Frau ein sehr großer Schritt ist, diese geheime Stelle zu zeigen, mache ich den ersten Schritt. Ich springe auf, schlüpfe aus meinem Sarong und stelle mich vor die erste Frau im Kreis. Ich ziehe die Lippen meiner Möse auseinander, damit sie meinen Kitzler und all die anderen wunderschönen Teile meiner Ausstattung sehen kann. Die meisten Männer haben schon viele Mösen gesehen und verstehen die Schönheit in ihrer Verschiedenheit. Die meisten Frauen haben noch nie eine gesehen. Manchmal noch nicht einmal die eigene. Deshalb ist die Spannung im Raum auch deutlich spürbar, während ich so exponiert vor dieser Frau stehe. Das Problem ist aber nicht nur das Zeigen. Zu sehen und auch wirklich hinzusehen ist auch nicht einfach. Sich nicht peinlich berührt abzuwenden.

Nicht zu ignorieren. Voyeurismus ist eine Erfahrung, die die meisten Frauen noch nie gemacht haben. Also sage ich zu der Frau, vor der ich stehe: *Nur zu. Sieh richtig hin. Nicht in mein Gesicht, Schätzchen, hier unten hin. Sieh dir meine Möse an. Ist sie nicht hübsch?*

Jeder lacht, und während ich so von Frau zu Frau schlendere, wird das Ganze immer leichter. Dann beginnen sie, Fragen zu stellen. Über die Methoden der Haarentfernung. Über mein Genitalpiercing. Über die Farbe und Größe der Schamlippen, das Tattoo auf meinem Bauch, die Narben von meinen Operationen und so weiter und so fort. Als ich fertig bin und jede der Frauen lang und intensiv auf meine anbetungswürdige Möse gestarrt hat, setze ich mich wieder und fordere sie auf, meinem Beispiel zu folgen. Selbst zu erfahren, wie aufregend es ist, die eigenen Geschlechtsteile zu entblößen. Ich mache es den Frauen etwas leichter, indem ich sie Dreiergruppen bilden lassen; eine zeigt, die anderen beiden beobachten und unterstützen sie.

Viele Frauen sammeln ihre ersten sexuellen Erfahrungen im Teenageralter oder mit Anfang 20, meist mit einem ebenso unerfahrenen Jungen im gleichen Alter. Er hat schon jede Menge Pornos gesehen und sich über den Bildern im Herrenmagazin einen runtergeholt. Vielleicht hat er sogar schon einmal eine Prostituierte besucht. Er hat so viele Informationen wie möglich gesammelt, an allen falschen Stellen, die er finden konnte. Er glaubte, er wüsste, was er da unten tat. Er glaubte, er wüsste, was Frauen wollen. Doch eigentlich wollte er nur seinen Schwanz in etwas Warmes und Einladendes stecken und so schnell wie möglich ejakulieren. Und was konnte er schon für seine Unwissenheit? Keiner von uns wusste damals, was er oder sie tat. Selbst heute haben die meisten jungen Leute keinen Zugang zu einer wirklichen Aufklärung. Internetpornos zeigen Männern (oder Frauen) nicht wirklich etwas, wenn es um die Frage der authentisch weiblichen Sexualität geht.

Bei den Geschichten, wie Frauen ihre Jungfräulichkeit verloren, höre ich selten ein Happy End. Doch die Zeit schreitet für jeden von uns voran, und einige Frauen haben das Glück, irgendwann zu entdecken, was sie sexuell brauchen, entweder allein oder mit einem Partner, und wie sie es ihrem Partner sagen können. Aber für viele Frauen ergibt sich ein weniger rosiges Bild. Internationalen Studien zufolge beklagen sich 50 Prozent aller Frauen weltweit über Schmerzen, Unwohlsein und Nichtbefriedigung beim penetrativen Sex sowie über die Unfähigkeit, einen Orgasmus zu haben. Obwohl es uns die pharmazeutische Industrie anders weismachen will, liegt die Lösung des Problems nicht im Viagra für Frauen. Die Lösung besteht darin, dass die Frauen ihre sexuelle Identität entdecken und lernen, wie sie Pleasure erfahren und/oder mit einem Partner teilen können. Die Lösung ist jeweils eine höchst individuelle.

Die meisten Frauen besuchen gewissermaßen die sexuelle Oberschule, bevor sie die Grundschule absolviert haben. Wir gehen mit einem Partner ins Bett, bevor wir etwas Nennenswertes über uns selbst wissen. In meinen Workshops müssen die Frauen – sexuell gesehen – erst einmal in die Grundschule gehen, darauf können wir dann weiter aufbauen. Das ist gesund, schnell und intensiv gleichermaßen, und es ist wichtig, ganz von vorn zu beginnen.

Und von vorn bedeutet: ein Referat über die Möse halten. Zeigen und angucken.

Es dauert eine Weile, bis die Frauen sich beruhigt haben und mit der Übung beginnen können, doch innerhalb weniger Minuten sind sie tief darin versunken, die Einzigartigkeit der jeweiligen Genitalien zu studieren. Sie stellen Unterschiede fest und erzählen sich Geschichten über diese wertvollste aller privaten Pleasure-Zonen. Ich schlendere mit meiner Assistentin im Raum herum, wir drücken unsere Bewunderung aus und bieten Hilfe an, wo sie gebraucht wird. Wir machen eine Pause zum Mittagessen; am Nachmittag treffen wir uns wieder, und dann geht es erst richtig los.

Heute Morgen habt ihr eure Möse der Gruppe gezeigt. Glückwunsch! Euch ist aufgefallen, wie wunderschön und einzigartig jede Frau ist. Heute Nachmittag dürft ihr euch als sexuelles Wesen zeigen. Ihr dürft euch zeigen, wie ihr seid, wenn ihr einen Orgasmus erlebt, während die anderen Frauen euch dabei zusehen und eure Zeugen sind.

Es gibt viele verschiedene Rollenbilder, an denen sich Frauen heutzutage orientieren sollen. Für die sexuell freie Frau, die Frau, die ihrer Lust folgt, sich nimmt, was sie will, und den Rest verwirft, gibt es keins. Eine solche Frau gilt als Schlampe, auch heute noch. Und Frauen haben eine enorme Angst davor, als Schlampe gesehen zu werden, weil dies in unserer Gesellschaft drastische Konsequenzen hat. Wenn ich wirklich frei bin, wenn ich das Leben sexuell voll auskoste und mache, was ich will – finden Männer mich dann noch attraktiv? Wenn ich es mir gestatte, meine

Sexualität wild zu leben, und mein ganzes orgasmisches Potenzial ausschöpfe – schrecken die Männer dann vor meiner sexuellen Kraft zurück? Wird mein Partner mich verlassen, weil ich schließlich und endlich einfach zu viel für ihn bin, zu heiß, zu hungrig, zu fordernd?

Ich erlebe Frauen immer wieder irgendwo zwischen tiefer sexueller Unwissenheit einerseits und der Vision unerträglicher sexueller Kraft andererseits festgefahren. Die Scham zu durchbrechen und sich zu authentisch weiblicher sexueller Kraft durchzuringen, birgt Risiken. Veränderung ist immer riskant. Doch für gewöhnlich ist das Angstszenario in unserem Kopf weit von der Realität unseres Lebens entfernt.

All diese Ängste und Überlegungen stehen im Raum, zumindest unbewusst, als ich die Frauen einlade, sich als sexuelle Wesen zu zeigen. Es wird erst einmal ganz still, und ich weiß genau, dass sich bei jeder einzelnen Frau nun Panik breitmacht. Doch ich fahre einfach fort in meiner bewährten sachlichen Art und stelle den Vibrator vor, den ich für den europäischen Markt entworfen habe. Die Frauen hören mir verblüfft zu, während ich ihnen wie ein Vertreter die Vorteile meines Lieblingsspielzeugs präsentiere. *Dieses Baby heißt Maggie's Magic und vibriert wie kein anderes Spielzeug. Ich garantiere, dass jede Frau im Raum damit einen Orgasmus hat.* Das ist nur leicht übertrieben, aber ich kann die Frauen an den Fingern einer Hand abzählen, die im Laufe der Jahre mit dieser leistungsstarken Maschine *nicht* gekommen sind. Ohne falsche Bescheidenheit kann ich von mir behaupten, *die* Expertin für den Orgasmus der Frau zu sein. Ich glaube nicht, dass es auf diesem Planeten jemanden gibt, der mehr Frauen zum Orgasmus hat kommen sehen als ich. Und warum? Weil ich den Frauen zeige, wie sie sich so stimulieren können, dass sie ihre Angst überwinden und den Orgasmus haben, den sie wollen. Und das mache ich schon seit zwanzig Jahren.

Während meine Assistentin mit den Verlängerungskabeln kämpft und zu jeder Gruppe einen Vibrator stellt, beobachte ich, wie die Frauen sich ihre Partnerinnen auswählen. Manche springen sofort auf und schnappen sich die Frauen, die sie mögen. Andere schlendern im Raum herum und hoffen darauf, gewählt zu werden. Schließlich finden die schüchternen Frauen zueinander, und die stärkeren, selbstständigeren bilden ihre eigene kleine Gruppe. Auch Sarah, Muriel und Lil tun sich erstaunlicherweise zusammen, nachdem sie ein paar Minuten herumgeschlichen waren. Die Frauen stehen in Gruppen beieinander, tuscheln nervös und versuchen, sich zu einigen, wer als Erstes dran ist. Schließlich lassen sie sich nieder: eine Frau in der Mitte, die anderen zu beiden Seiten um sie herum.

Ziel der Übung ist es, dass sich die Frau in der Mitte *selbst* einen Orgasmus schenkt. Beim Sex sind Frauen daran gewöhnt zu empfangen. Durch unsere Konditionierung erwarten wir von unserem Partner, dass er uns aufwärmt, bevor er in uns eindringt. Die weibliche Energie ist von Natur aus rezeptiv. Doch in dieser Übung sind wir sowohl aktiv als auch rezeptiv. Die aktive Energie (die Stimulierung) kommt nicht von außen. Wir empfangen nicht nur passiv. Früher, als ich diese Art Workshop zum ersten Mal durchführte, ließ ich die Frauen selbst entscheiden, wie sie die

Erkundung von Pleasure gestalten wollten. Natürlich bat die Frau in der Mitte die anderen beiden darum, ihr eine schöne langsame Massage angedeihen zu lassen. Ich habe nichts gegen Massagen – wer bekommt nicht gerne etwas so Wundervolles? Doch Bekommen ist nicht Sinn und Zweck der Übung. Ich fordere die Frauen dazu heraus, Pleasure wie Amazonen gegenüberzutreten, nicht wie Kätzchen, die Herrchen um die Beine streichen. Manchmal muss ich die Frauen über die Schwelle schubsen, weil sie den Schritt selbst nicht gehen können. Sie wurden zu braven kleinen Mädchen erzogen, und brave kleine Mädchen machen es sich definitiv nicht selbst. Seit ein paar Jahren folge ich einer anderen Strategie: Ich sage den Frauen einfach: Das tun wir, so sind die Spielregeln. Herrisch und autoritär? Sicher, aber ich erledige den Job!

Ich brauchte mehrere Jahre, bis ich ganz begriff, wie schwer es für Frauen ist zu sagen: Sieh mich an. Das bin ich. Und so sieht mein Orgasmus aus. Wenn eine Frau von der kulturell vorgeschriebenen Aussicht auf Scham zu einer individuellen, auf Pleasure gerichteten Identität wechselt, ändert sich alles in ihrer Sexualität. In einer solchen Umgebung einen Orgasmus zu haben und sich dabei beobachten zu lassen, verleiht den Frauen eine erstaunliche Kraft.

Aus der Entfernung sehe ich zu, wie Muriel ihren Sarong auszieht und sich in die Mitte der Gruppe legt. Lil nimmt den Platz zu ihren Füßen ein, Sarah den an ihrem Kopf. Sie scheinen darüber gesprochen zu haben, wie Muriel unterstützt werden möchte, die Details kenne ich nicht. Die Frauen können sich von ihren Zeugen berühren lassen oder nicht. Bedingung ist nur, dass die Frau in der Mitte den Vibrator selbst

hält und die Verantwortung für ihre eigene Lust übernimmt. Eine nach der anderen schaltet ihren Vibrator ein, bis der ganze Raum wie eine Katze schnurrt.
Jede der kleinen Gruppen bleibt konzentriert und für
sich. Ich drehe die Musik etwas lauter, damit man sie
über dem Brummen der Vibratoren hören kann.

In diesem Moment herrscht eine fast unerträgliche
Spannung – zugleich beinhaltet der Augenblick aber
auch das größte Versprechen. Seminar für Seminar
gibt es für die Frauen, die auf so vielerlei Weise daran arbeiten, ihre weibliche Kraft anzuerkennen, viele
Brücken zu überqueren, doch keine ist so dramatisch
wie diese. Es ist der Moment, in dem die Frauen die
Grenze von der Scham zur Freiheit überschreiten.
Und ich spüre immer auch einen enormen Widerstand im Raum, ebenso wie eine ungeheure Aufregung und Energie. Man kann es vielleicht mit dem
Moment der Entbindung vergleichen, wenn der Kopf
des Babys erstmals zu sehen ist und seine Ankunft
ankündigt. Ein Augenblick in der Ewigkeit, wenn die
Frauen sich dafür entscheiden, trotz ihrer Konditionierung und trotz der Litanei der Gesellschaft, ein
braves Mädchen zu sein, Ja zu Pleasure zu sagen.

Die meisten Frauen sind still und haben die Augen
geschlossen, während sie zum ersten Mal eine solche
intensive Stimulierung ihrer Vulva spüren. Schließlich höre ich den ersten tiefen Seufzer, als sich eine
der Frauen in das atemberaubende Gefühl, das der
Vibrator hervorruft, sinken lässt. Eine nach der anderen atmet nun tief und schaltet den denkenden,
urteilenden Geist ab. Damit verändert sich die Energie im Raum radikal. Ich bin ganz aufmerksam, lasse
meinen Blick durch den Raum schweifen und nehme

aus der Entfernung den Puls jeder einzelnen Gruppe wahr. Ich sehe ganz deutlich, wer sich der Lust hingibt und wer noch Widerstand leistet.

Muriels Körper beginnt, sich zu bewegen. Sie hebt leicht ihr Becken an und seufzt tief. Ich kann die Lust, die ihren Körper durchströmt, beinahe fühlen. Sarah berührt sie sanft und streicht ihr das Haar aus der Stirn. Lil spreizt Muriels Beine, damit sie sich näher heransetzen kann. Sie reibt ihre Füße, während sie in gespannter Aufmerksamkeit nach einem weiteren Signal Ausschau hält.

Ich wende mich ab und lasse meinen Blick wieder über den Raum gleiten. Einige Gruppen sind sehr eng miteinander verbunden, andere berühren sich gar nicht. Einigen Frauen scheint schon die Aussicht darauf, Pleasure nur zu beobachten, Angst zu machen. Die Ängstlichsten sitzen teilnahmslos in möglichst großer Entfernung zur Frau in der Mitte. Sie sehen weg, werden von anderen Geräuschen im Raum abgelenkt. Mit ein paar sanften Worten ermuntere ich die Zeuginnen dazu, konzentriert zu bleiben, bei der Frau in ihrer Mitte zu bleiben. Ich weiß genau, dass ein solches Maß an Intimität für einige Frauen im Raum fast unerträglich ist. Ich weiß, dass die Herausforderung riesig ist, den Sprung zu Pleasure zu wagen ohne auch nur die geringste Sicherheit, wo man landen wird. Andererseits habe ich aber auch Hunderte von Frauen erlebt, die sich durch die rückhaltlose Hingabe an diese Übung von ihrer lähmenden Scham befreiten. Wie bei einer Penizillinspritze: Einen Augenblick lang tut es weh, doch wiegt der Nutzen schwerer als der Schmerz, und wenn es vorbei ist, ist die Welt nicht mehr dieselbe. Diesen Schritt müssen die Frauen gehen, wenn sie sich von alten Programmen verabschieden und diese durch etwas Neues ersetzen wollen.

Die Spannung steigt. Nach fünf bis zehn Minuten explodiert die erste Frau in einem lauten Orgasmus, dicht gefolgt von einem zweiten. Der Klang der Ekstase justiert die Energie im Raum. Die Explosion schafft Erleichterung. Nun überqueren wir die Brücke zu Pleasure. Natürlich nicht alle auf einmal, aber die Tür wurde geöffnet, und die anderen Frauen werden bald folgen. Die ersten Orgasmen vermitteln den Frauen, die die Leiter zur eigenen Ekstase noch erklimmen, ein Gefühl der Erlaubnis.

Muriel zittert jetzt am ganzen Leib, ihr Becken bewegt sich hoch und runter. Ihr Körper platzt fast vor Energie. Sie hat den Kopf zurückgeworfen, auf ihrer Brust und ihrem Hals breitet sich ein feuchter rosafarbener Schimmer aus, während die Energie höher und höher steigt. Mit einem lauten, tiefen Schrei kommt sie. Sie lässt den Vibrator, wo er ist, und surft weiter auf der Welle der Lust. Ihre Stimme wird immer höher, als sie schreit, während Orgasmuswelle nach Orgasmuswelle durch ihren Körper rollt. Die Zuckungen erinnern an eine tanzende Schlange; Muriel strahlt eine weibliche Energie aus, die ich zuvor nicht an ihr bemerkt habe. In diesem erhabenen Augenblick ist ihr Körper wahrhaft schön und atemberaubender Ausdruck des göttlich Weiblichen. Ich bin tief beeindruckt und sehe still zu, wie sie ihre wahre Natur umarmt. Als sie schließlich den Vibrator ausschaltet, lacht ihre kleine Gruppe befreit, sie nehmen sich in die Arme und halten sich einfach noch ein Weilchen fest.

Nach einer kurzen Pause nimmt Lil ihren Platz in der Mitte der Gruppe ein; ich beobachte aus einiger Entfernung, wie sie mit den anderen flüsternd etwas diskutiert. Offensichtlich hat sie sehr spezifische Wünsche und eine klare Vorstellung davon, wie sie ihre Session gestalten will. Sie hat sich einen Dildo aus Acryl genommen und ein Kondom darüber gestreift. Ordentlich stellt sie neben ihre Matte ein kleines Fläschchen Gleitmittel. Muriel und Sarah setzen sich neben sie, Lil schaltet den Vibrator ein und lehnt sich entspannt zurück. Einigen Frauen reicht es, wenn ihre Vulva nur mit einem Vibrator stimuliert wird; er verschafft ihnen mehr als genug Lust, um einen wirklich befriedigenden Orgasmus zu haben. Andere Frauen möchten noch zusätzlich etwas in der Vagina haben. Das Gefühl der Fülle dort steigert ihre Lust noch.

Ein Wort zu *vibrierenden* Dildos – für mich der Inbegriff der geschmacklosen Annäherung an Pleasure. Der Markt wird von ihnen geradezu überschwemmt: sich drehende Dinger in grellen Pastellfarben mit Häschenöhrchen oder Delfinfinnen, die den Kitzler stimulieren sollen, während der Schaft in deiner Möse steckt. Die Dinger kamen mir immer vor wie diese billigen All-in-one-Werkzeuge in der durchsichtigen Plastikverpackung. Man macht sie auf, und heraus kommt ein Hammer, ein Schraubenzieher oder ein Korkenzieher – und keiner davon funktioniert, wie er funktionieren sollte. Meine Meinung dazu: Brauchst du einen Hammer, dann kauf dir einen Hammer! Brauchst du einen Schraubenzieher, dann kauf dir einen guten, der nicht gleich nach dem Auspacken kaputtgeht. Und so ist es auch mit dem Dildo:

Wenn Sie einen Dildo wollen, so ein tolles Ding, das Sie sich in die Möse stecken können, dann kaufen Sie sich einen, und zwar einen guten. Vergessen Sie den Schickschnack. Ob im Baumarkt oder im Sexshop: Greifen Sie auf jeden Fall immer zur besten Qualität, die Sie sich leisten können. Kaufen Sie das richtige Werkzeug, und es wird Ihnen jahrelang gute Dienste leisten. Ich mag Dildos, die ihren Job tun: die Möse dehnen und ihr ein Gefühl der Fülle vermitteln. Vielleicht hat er noch ein paar Noppen, die das Rein- und Rausschieben noch geiler machen. Und ich mag Vibratoren, die den Job eines Vibrators tun: die Vulva so intensiv stimulieren, dass man mehrmals hintereinander kommt. Aber das ist nur meine Meinung. Ich habe gern das beste Werkzeug in meinem Werkzeugkasten.

Es fasziniert mich immer wieder, wenn Frauen zu ihren Pleasure-Sessions mit einem bestimmten Werkzeug oder einer bestimmten Technik auftauchen. Trotz ihres jungen Alters hat Lil schon eine eigene Technik, und es macht mir Spaß, sie aus der Distanz zu beobachten. Nachdem sie eine Weile den Vibrator benutzt und sich schön aufgewärmt hat, nimmt sie den Dildo, gibt etwas Gleitmittel auf die Spitze und führt ihn langsam in ihre Vagina ein. Sie schiebt ihn ein paar Mal hinein und wieder hinaus, ganz langsam, dann nimmt sie den Vibrator wieder zur Hand und fährt fort, sich Lust zu verschaffen. Ihre Zeuginnen rücken näher heran und streicheln sie sanft. Der Dildo gleitet mal schneller, mal langsamer hinein, dann wieder schneller. Den Vibrator bewegt sie um ihren Kitzler herum, bevor er sich darauf niederlässt. Sie stößt laute Seufzer der Lust aus, hin und wieder zittert und zuckt ihr ganzer Körper. Sie lässt sich Zeit, macht langsamer, dann wieder schneller. Muriel zwickt sie in die Brustwarzen und sieht ihr in die Augen, ob das in Ordnung ist. Nach einer Weile lehnt sie sich vor und saugt lustvoll an Lils Titten. Sarah bleibt züchtig an ihren Füßen, beobachtet, streichelt ab und zu, mischt sich aber nicht allzu sehr ein. Und gerade als es so scheint, als könne die Spannung nicht länger ausgedehnt werden, schreit sich Lil in einen Orgasmus. Ich liebe ihre Intensität, ihr Orgasmus bringt eine Frau auf der anderen Seite des Raums ebenfalls zum Kommen. Dieser energetisch hoch aufgeladene Klang einer orgasmischen Frau reicht aus, um mehrere andere Frauen über die Schwelle zu ihrer nächsten Welle der Lust zu tragen. Die Atmosphäre im Raum brodelt geradezu vor Pleasure, die Orgasmen springen von einer Frau zur anderen, bis sie nicht mehr voneinander zu trennen sind.

Der Nachmittag ist schon weit fortgeschritten, als Sarah schließlich ihren Platz in der Mitte der Gruppe einnimmt. Sie hat ganz offensichtlich Angst und die Konfrontation mit Pleasure so lange wie möglich aufgeschoben. Lil und Muriel trösten sie, machen ihr Mut und reden ihr gut zu, es nun selbst mit dem Vibrator zu versuchen. Sie befindet sich in der bestmöglichen Situation, da sie die Chance hatte, ihre beiden Partnerinnen zu beobachten und die Energie ihrer geilen, saftigen Orgasmen zu spüren. Als sie soweit ist, legt sie sich auf die Matte; die beiden anderen nehmen in respektvoller Distanz neben ihr Platz. Die ganze Fröhlichkeit, die sie in der Vorstellungsrunde am gestrigen Abend an den Tag gelegt hat, ist völlig verschwunden. Sie ist ganz ruhig und konzentriert, als sie mit dem Vibrator zum ersten Mal ihre Vulva berührt. Sarah hatte noch nie einen Orgasmus, das muss also eine unglaubliche Hürde für sie sein.

Frauen, die bisher ohne Orgasmus durchs Leben gegangen sind, fragen sich oft, was genau es denn ist, das sie da fühlen sollen. Wie groß ist ein Orgasmus? Wie lang sollte die Stimulierung anhalten? Sie fühlen schon etwas – aber ist das auch wirklich ein Orgasmus? Die Wahrheit sieht so aus: Diese Frauen haben schlicht nie so viel Stimulierung bekommen, dass diese sie über die Schwelle ihrer in Fleisch und Blut übergegangenen Weigerung, die Kontrolle aufzugeben, hätte tragen können. In ihrem Kopf existiert eine Blockade, die nur ein wenig Loslassen ermöglicht, bevor Kontrollmechanismen einsetzen und der Körper sich weigert fortzufahren. Um einen Orgasmus zu bekommen – egal, ob Männlein oder Weiblein –, muss man loslassen. Anders geht es nicht. Wir müssen das denkende Gehirn zum Schweigen bringen und uns von den Empfindungen mitreißen lassen. Wenn wir uns Gedanken darüber machen, wie wir in diesem Moment aussehen oder klingen, wer zuschaut oder wer Einwände hat, wird das immer die Lustsignale blockieren.

Der Vibrator, den wir in meinen Workshops benutzen – *Maggie's Magic* –, ist so stark, dass es fast unmöglich ist, sich auf etwas anderes zu konzentrieren als auf das intensive Gefühl, das er hervorruft. Er ist so stark, dass das gesamte Becken mitvibriert und alle alten Energieblockaden beseitigt werden, die möglicherweise noch unter der Oberfläche schlummern. Es gibt einen Punkt, an dem Geist und Körper einfach nachgeben müssen.

Während also diese intensiven Schwingungen von dem Ort zwischen ihren Beinen aus Sarahs Körper überfluten, geht jede Zelle darin in höchste Alarmbereitschaft. Ihr Körper hat sich nie zuvor so gefühlt. Eine solche Intensität physischer Wahrnehmungen kann alle möglichen Reaktionen hervorrufen. Manchmal brechen die Frauen in Panik aus, sie schreien, lachen, weinen, zittern und zucken, während sie sich einer ganz neuen und unbekannten Dimension der Empfindung und Emotion öffnen. Und genau das passiert auch Sarah. Ich beobachte sie eine Weile, dann gehe ich zu ihr hinüber und knie mich neben ihrem Kopf auf den Boden. Sie benutzt den Vibrator nun schon seit etwa zehn Minuten und befindet sich in einer akuten Stresssituation. Sie hyperventiliert, ihr Körper nimmt durch das schwere Atmen mehr Sauerstoff auf, als er abatmen kann. Das ist nicht unbedingt gefährlich, macht aber Angst. Die Panik ist größer als die Lust, die sie in ihrem Becken spürt. *Schalte den Vibrator aus und atme langsamer, Sarah. Du bist okay. Du hyperventilierst nur.* Die beiden anderen Frauen nehmen ihr den Vibrator ab, während ich ihr über die Hände und Arme streichle und ihr Atemanweisungen gebe. Ich streichle ihr Gesicht und ihr Haar, wie man ein Kind tröstet. Nach ein paar Minuten hat sich ihre Atmung wieder normalisiert, und sie fängt ganz leise an zu weinen. *Entspann dich. Das machst du gut. Mach erst einmal eine Pause, und wir fangen in der nächsten Sitzung noch einmal von vorn an.* Die beiden anderen nehmen sie in die Arme und legen sich zu ihr. Als sich die Energiewogen im Rest des Raums geglättet haben, machen wir Schluss und gehen zum Abendessen.

In meinen Workshops gibt es immer ein paar Frauen, die noch nie einen Orgasmus hatten. Die meisten hatten welche, möchten aber noch versierter und selbstsicherer im sexuellen Ausdruck werden. Sie wollen sexuell freier werden. Doch wenn sich eine Frau wie Sarah der Gruppe anschließt, verdient sie meine ganz besondere Aufmerksamkeit. Mit den Jahren wurde mir klar, dass meine Hilfe nicht daraus entsteht, dass ich irgendetwas Außergewöhnliches tue. Die größte Unterstützung bekommen diese Frauen durch die Gruppe, die sich entschlossen hat, Pleasure zu leben. Regelmäßig mit allen anderen an solchen Pleasure-Sitzungen teilzunehmen, macht es zu etwas ganz Normalem, einen Orgasmus zu haben.

In der Feedbacksitzung hat jede der Frauen Gelegenheit, darüber zu sprechen, was sie erlebt oder wie es sich angefühlt hat. Die Frauen diskutieren über Orgasmus und Pleasure in einer nie dagewesenen Art und Weise. Die Kommentare reichen von minutiös technisch bis hochspirituell. Hier und da kann ich einen Rat geben. Ansonsten höre ich zu und nicke bestätigend. Wir fühlen uns ganz high von dieser atemberaubenden Energie. Auch Sarah ist stolz auf sich und schwört, am nächsten Tag weitermachen zu wollen. Sie ist dem Orgasmus ganz dicht auf den Fersen, keinesfalls wird sie aufgeben. Wir lachen und machen ihr Mut. Das berührt mich sehr; ich bin mir sicher, dass sie es über die Schwelle schaffen wird.

Durch die Erfahrung der geteilten Orgasmen entsteht zwischen den Frauen schnell eine spezielle Art von Solidarität. Bis spät in die Nacht reden sie, lachen, trinken Wein und lernen sich besser kennen. Daran nehme ich nicht teil. Ich ziehe mich ganz bewusst zurück, gehe ins Bett und entspanne mich. Ich möchte den Frauen Zeit geben, sich ihre persönlichen Geschichten in welcher Form auch immer mitzuteilen. Morgen ist ein neuer Tag, und das ist nur der Anfang. Unser Weg ist noch lang.

Der Workshop dauert noch vier weitere Tage. Wir machen auch viele andere Sachen zusammen: Es gibt ein Kunstprojekt, ein Ritual im Wald, geführte Meditationen, Tanz, Geschichtenerzählen, gemeinsames Essen, Trinken und Feiern. Doch der Hauptfokus liegt auf dem sinnlichen Vergnügen. Die Schwelle zum Orgasmus zu überschreiten, ist der Beginn einer lebenslangen Reise des sexuellen Selbstausdrucks. Sarah brauchte noch zwei Tage, bis sie ihren Durchbruch hatte. Und ich war noch nicht einmal dabei, als es passierte. An einem Abend trafen sich ein paar der Frauen nach dem Abendessen im Seminarraum, um außerhalb des Unterrichts ein wenig mit den Vibratoren zu üben. Bis in mein Zimmer konnte ich spät in der Nacht die Lustschreie und das Gelächter der Frauen hören. Am nächsten Morgen erzählte mir meine Assistentin, dass Sarah, umgeben von ihren liebevollen Freundinnen, einen Orgasmus gehabt habe. Als wir uns später trafen, strahlte sie und teilte mit Tränen in den Augen der ganzen Gruppe mit, sie habe das Gefühl, endlich angekommen zu sein.

Solche Momente sind die köstlichen Früchte meiner Arbeit. Sie besteht darin, die Hindernisse auf dem Weg zu Pleasure beiseitezuräumen. Ich glaube, dass jede Frau einen Orgasmus haben kann, doch dass bei manchen – wie bei Sarah – erst ein paar Dinge stimmen müssen, damit dies möglich ist. Es muss eine Erlaubnis geben (das ist mein Job). Es muss der innere

Entschluss vorhanden sein loszulassen (das ist Sarahs Job). Es muss adäquate Stimulation da sein (das ist der Job des Vibrators). Dann steht der Lust nichts mehr im Wege. Ich habe das immer wieder erlebt.

Natürlich gehört zur Sexualität mehr als nur der Orgasmus. Erotik und Sinnlichkeit sind die beiden Seidenfäden, aus denen das feine Gewebe entsteht. Doch die Tür zum Orgasmus zu öffnen, ermöglicht es den Frauen, sich selbst intensiv zu spüren. Nach mehreren Tagen eines solchen Orgasmustrainings sehen ihre Gesichter anders aus, ihre Körper werden geschmeidiger, sie sprechen und lachen anders, die Energie fließt, sie wirken so viel weiblicher. Eine Art von Intensität ist erwacht, ein Hunger nach Erfahrung. Diese Frauen wollen das Leben genießen!

Am letzten Tag nehmen die Frauen ihren Schmuck vom Altar: die Ringe, Anhänger, Kettchen und Broschen. Ich wickle die Statuen der Göttin einzeln wieder in ihre weichen Stofftaschen und lege sie mit all den anderen Requisiten in unseren großen schwarzen Koffer. Ich nehme das blutrote Samttuch vom Altar und sehe es mir noch einmal genau an. Wie viele Frauen saßen dieses Mal um den Altar? Wie viele Frauen ließen ihre Energie in unsere Arbeit fließen und machten sie so zur unvergesslichen Hommage an das göttlich Weibliche? Wie viel Segen und Kraft ist von jeder einzelnen Frau eingeflossen, die den Mut hatte, sich mit mir in einen Kreis zu setzen? Ich halte das Tuch einen Moment lang ganz fest und sehe mich noch einmal in dem nun leeren Raum um. Ich flüstere ein Dankgebet an die göttliche Mutter, falte das Tuch zusammen und verstaue es sorgfältig für das nächste Mal.

Unerwartete neue Wege

Eine übermäßige Leidenschaft für das Ver-
gnügen ist der Schlüssel zum Geheimnis des
Jungbleibens.

Oscar Wilde

Das Datum der Fetischparty hatte ich schon vor Monaten mit dem Bleistift in meinen Kalender eingetragen. Dieses amüsante Event findet jedes Jahr in einem Hotel hoch oben in den Schweizer Alpen statt. Aufgrund des strengen Dresscodes, der sorgfältig aufgestellten Gästeliste und der perfekten Kulisse in einem eleganten Designerhotel war es zu einer der heißesten Partys des Jahres für sexuelle Exzentriker jeder Couleur aufgestiegen. Aus ganz Europa kommen die entzückendsten Leute in den absonderlichsten Outfits angereist. Transvestiten, Leute aus der BDSM-Szene, Fetischisten, Lederdaddys, Sexhäschen, Exhibitionisten und sogar eine Handvoll guter alter Hetero-Blümchensex-Paare, die einfach gern zusehen – sie alle kommen, Jahr für Jahr. Auf keinen Fall wollte ich mir diese Party entgehen lassen. Das Datum rückte immer näher, und ich war so aufgeregt wie ein Kind an Heiligabend. Dieses Jahr hatte ich mich mit ein paar Freunden verabredet. Wir hatten eine sehr genaue Vorstellung davon, wie wir unser Spiel spielen und welche Erfahrungen wir sammeln wollten.

Einige Monate zuvor hatte ich mit Lil einen Kurztrip nach Venedig unternommen. Nach dem Workshop im letzten Jahr war sie mir zu einer guten und engen Freundin geworden. Da sie erst Mitte Zwanzig war, hatte ich ihr gegenüber eine mütterliche Zuneigung entwickelt, und sie sah in mir die Mutter, die sie nie gehabt hatte. Wir besaßen den gleichen Abenteuergeist und versprühten gemeinsam den unwiderstehlichen Charme aufreizender weiblicher Schönheit. Mit ihren kurzen blondierten Haaren und ihrer frechen Art wirkte Lil sehr jung. Sie wusste, wie man die Naive spielt und das zu seinem Vorteil nutzt. Unsere Mutter-Tochter-Ähnlichkeit war geradezu verblüffend, und unser gemeinsamer Appetit auf lustvolle Abenteuer machte aus uns gute Reisegefährten.

Wir waren für ein langes Wochenende nach Venedig gereist. Zu dieser Zeit waren wir beide knapp bei Kasse und hatten uns auf ein striktes Budget geeinigt. Ein Freund hatte uns eine preiswerte Unterkunft in einer Jugendherberge vor der Hauptinsel empfohlen, die anscheinend mitten im Nirgendwo lag. Als wir eincheckten, waren wir von der Schlichtheit der Unterkunft schockiert, akzeptierten jedoch unser Schicksal, ließen unsere Koffer fallen, sprangen auf das nächste Vaporetto und kamen gerade rechtzeitig zum Sonnenuntergang auf der Piazza San Marco an. Viele Reisende interessieren sich für die kulturellen Wahrzeichen der Stadt, den Dom, die Museen – eben all das alte Zeug, für das die großen europäischen Städte so berühmt sind. Meiner Meinung nach kann man die überteuerten Gondelfahrten auslassen, ebenso wie die Führungen durch den Dogenpalast und die Scharen kamerabewaffneter Touristen, die die Tauben auf der Piazza San Marco füttern. Packen Sie Ihren Reiseführer weg und setzen Sie sich zu einem ruhigen Espresso und einem Glas Leitungswasser ins Café Florian. Nehmen Sie das einzigartige italienische Ambiente mit allen Sinnen auf, und es wird Sie für den Rest Ihres Lebens nähren.

Als die Abendglocken läuteten, kämpften wir uns durch den Strom der Sommertouristen. Sie verstopften die alten Kopfsteinpflastergässchen, aßen Eis und sahen sich die Schaufenster mit den venezianischen Masken und anderem touristischem Plunder an. Noch am Abend war die Luft heiß und drückend. Wir brauchten dringend einen Drink und begaben uns ohne weitere Diskussionen zu Harry's Bar am Canal Grande. Natürlich ist auch das eine Touristenattraktion, meiner Meinung nach allerdings die einzige, die man bei einem Venedigbesuch nicht auslassen sollte. Es ist einfach unvergesslich, dem hübschen italienischen Barmann mit den grau melierten Schläfen und dem weißen Smoking bei der Arbeit zuzusehen. Er mixte einen pinkfarbenen Bellini nach dem anderen für uns; wir saßen auf unseren winzigen Barhockern und bewunderten seine Pfirsichzaubereien. Was wir durch die Übernachtung in der Jugendherberge sparten, gaben wir für Cocktails aus, noch bevor das Wochenende begonnen hatte. Uns dort nach der langen Anreise gemeinsam zu besaufen, war es uns einfach wert. Wir fühlten uns ganz in unserem Element, also bestellte ich noch eine Runde und bezahlte mit Kreditkarte. Über die Ausgaben könnte ich mir auch nächsten Monat noch Gedanken machen – jetzt lautete die Devise: Bellinis!

Als wir da so saßen und an unseren Cocktails nippten, entspannten wir uns allmählich, und Lil erzählte mir zum ersten Mal von ihrer Sehnsucht nach einem Daddy, der nur für sie da war. Sie wünschte sich jemand Älteren und Weiseren in ihrem Leben. Niemanden, von dem sie ein Kind haben wollte. Niemanden, mit dem sie zusammenwohnen wollte. Niemanden, den sie heiraten wollte oder so etwas in der Art. Nein – sie wollte jemanden Solides, jemanden, mit dem sie guten Sex haben und ihre Sugar-Daddy-Fantasien ausleben könnte. Als anspruchsvolle Spielerin wollte sie jemanden, der mit der Herausforderung einer solchen Beziehung umgehen und sie absolut genießen konnte. Augenblicklich fiel mir mein Freund René ein.

René und ich hatten im Laufe unserer nun fast fünfzehn Jahre langen Freundschaft gemeinsam eine Vielzahl sexueller Abenteuer erlebt. Ich hatte gelegentlich mit ihm gespielt, doch würde ich unsere Beziehung nicht als intim bezeichnen. Er war eigentlich mehr ein Freund. Aufgrund seiner Qualitäten als Spieler / Spielzeug / Liebhaber hatte ich ihn vor Jahren gefragt, ob er meinem Männerteam beitreten wollte. Was Sex anbetraf, war er ausgesprochen erfahren; zudem hielt ich ihn für einen der zuverlässigsten und vertrauenswürdigsten meiner männlichen Freunde. Er wusste ganz genau, wie man mit einer Frau umgehen muss, mit jeder Frau: wie man sie hält, wie man ihr in die Augen sieht, wie man sie erregt, wie man sie zum Kommen und/oder Ejakulieren bringt, wie man sie gut und gründlich fickt. René wusste, wie man eine Frau befriedigt, und er verstand es zu lachen. Er war etwa in meinem Alter, er war Vater und seit Kurzem sogar Großvater. Er wäre perfekt für Lil.

Wir schliefen unseren Kater in den durchgelegenen Betten der Jugendherberge aus. Am nächsten Morgen schickten wir Lils baldigem Daddy nach einem guten, starken italienischen Kaffee eine SMS und legten ihm die Situation dar. René ließ sich sofort auf das Spiel ein, und bevor ich wusste, wie mir geschah, hatten Lil und René ihr erstes Date für die Woche nach unserer Rückkehr aus Venedig ausgemacht. In den Monaten darauf verfolgte ich ihre Romanze mit der größten Anteilnahme – es turnte mich enorm an, all die Details zu hören, die sie so gerne erzählten. Im Laufe ihres Spiels sollte sich herausstellen, dass er ein strenger, aber liebender Sugar-Daddy war, der wusste, wie man sich um ein Mädchen kümmert. Sie berichtete mir regelmäßig von den Fortschritten ihrer Beziehung, und ich hatte das Gefühl, dass sich allmählich so etwas wie eine Familienstruktur zwischen uns entwickelte – frech, verspielt und ganz, ganz heiß.

Als feststand, dass wir im April gemeinsam an dem Alpenfetischevent teilnehmen würden, hatten sich unsere Rollen schon gut herausgeschält. Wir würden als Familie gehen: Mommy, Daddy und unser unartiges kleines Mädchen Lil. Während die Party langsam näher rückte, bekam unser Spiel immer mehr erotische Energie für uns alle. Natürlich *spielten* wir nur mit diesen Rollen, zapften gewissermaßen ihren erotischen Saft. Für schwache Nerven ist das nichts, doch birgt dieses böse, provokante Spiel eine unvorstellbare Macht. Warum sind diese Spiele so heiß? Weil sie es uns erlauben, unsere von der Gesellschaft so gründlich gezogenen Grenzen zu überschreiten und den erregenden Reiz der köstlichen verbotenen Frucht zu genießen.

Schließlich war das Wochenende da. Daddy und Lil reisten schon am Freitagabend gemeinsam in die Berge; ich hatte noch einen Termin und konnte mich erst am Samstagnachmittag zu ihnen gesellen. Das war nicht weiter problematisch, weil die große Party mit Cocktails und Dinner erst am Samstagabend beginnen sollte. Doch als mich der kleine rote Zug am Samstagnachmittag schnaufend den Berg hinaufbrachte, machte sich bei mir ein seltsames Gefühl der Vorahnung breit, und ich begann, mir über meinen Platz in dieser Beziehung Sorgen zu machen. Lil und René hatten sich ineinander verliebt, allerdings auf etwas unkonventionellere Art, als dies bei einem durchschnittlichen Heteropaar der Fall gewesen wäre. Sie waren zwar beide sehr gute Freunde von mir; trotzdem hatte ich Angst, mich an diesem Wochenende wie das fünfte Rad am Wagen zu fühlen. Für solcherlei Befürchtungen war es zwar ein bisschen spät, doch als ich in diesem Zug saß, spürte ich eine sehr alte Wunde aufreißen. Es war irrational, doch ich verspürte meine alte Angst aus Kindheitstagen, ausgeschlossen zu werden. Mit gemischten Gefühlen sah ich aus dem Fenster auf die Berge, die an mir vorüberglitten. Plötzlich wurde mir klar, dass ich vermutlich immer mit dieser emotionalen Reaktion konfrontiert werden würde, wenn ich mich auf ein sexuelles Abenteuer einließ – daran war wohl nichts zu ändern. Ich sah die Bäume im Wald vorbeirauschen und versuchte, mich möglichst aufrecht zu halten.

Schließlich bog der Zug um eine Ecke, und das Dorf kam in Sicht. Der kleine See neben den Gleisen war an den Rändern immer noch teilweise zugefroren. Ein wenig Farbe hier und da in den Bäumen und Sträuchern um den See herum kündigte den baldigen Frühling an. Als sich der Zug dem winzigen Bahnhof gleich hinter dem See näherte, blinzelte die Sonne hinter einer Wolke hervor. Alles schien verlassen. Doch dann sah ich zwei Menschen, die sich auf einer Bank in der Nähe der Gleise aneinanderkuschelten. Als der Zug in den Bahnhof rollte, standen sie auf – es waren René und Lil. Ich hatte sie nicht erwartet; sie waren gekommen, um mich vom Bahnhof abzuholen. Als ich aus dem Zug stieg, rief Lil: *Hallo, Mommy! Wir haben dich so sehr vermisst!* Wir lachten, und die beiden umarmten mich herzlich. Augenblicklich verschwand meine Unsicherheit, und ich ließ den glücklichen Tränen der Erleichterung freien Lauf. Ich war nicht im Geringsten das fünfte Rad am Wagen. Mommy gehörte zur Familie, sie waren froh, mich zu sehen. Arm in Arm spazierten wir den Hügel zum Hotel hinauf.

Ich betrat unser winziges Hotelzimmer und traute meinen Augen kaum: Abgesehen vom zerwühlten Bett mitten im Raum war jede freie Oberfläche mit einem Wirrwarr von Sexspielzeugen, Ledergeschirren, Korsetten, Unterwäsche, Seidenstrümpfen, Stiefeln, High Heels, Peitschen, Gleitmitteltuben und Kosmetik sowie von angebrochenen Limoflaschen, Kartoffelchipstüten und Kekspackungen bedeckt. Eine einzige geile Sauerei.

Ich zog mein kleines Rollköfferchen ins Zimmer und wusste, dass wir alle viel zu viel Zeug mitgeschleppt hatten. Wir hatten genug Kondome für die gesamte Schweizer Armee! René suchte im Schrank nach ein oder zwei freien Bügeln für mich, ich auf dem Boden nach einem freien Fleckchen, an dem ich meinen Koffer öffnen konnte. Ein paar Minuten später klopfte es an der Tür, und das Zimmermädchen brachte eine zusätzliche Matratze. Irgendwie gelang es uns, die Matratze auch noch in das überfüllte Zimmer zwischen Fenster und Doppelbett zu quetschen. In Letzterem würden Lil und ich schlafen, während Daddy René – ganz Gentleman – mit der schmalen Matratze vorliebnehmen wollte.

Wir plauderten eine Stunde lang, und bevor wir es uns versahen, war der Himmel dunkel geworden, und die Cocktailparty sollte beginnen. Sorgfältig trugen Lil und ich vor dem Spiegel im winzigen Bad unser Make-up auf. Wir waren beide kurz vorher noch einmal beim Friseur gewesen, unsere blonden Locken glänzten elegant. Dunkel umrandete Augen, falsche Wimpern und dunkelrote Lippen – wir sahen uns wirklich unglaublich ähnlich. Unsere Klamotten sprachen allerdings eine andere Sprache, darin drückten wir unsere Mutter-Tochter-Beziehung aus. Ich war in das Korsett aus schwarzem Satin geschnürt, das meine Taille um zwei bis drei Größen reduzierte. Dies kombinierte ich mit einem sehr kurzen schwarzen Rock, der gerade mal meinen Schambereich über schwarzen Netzstrümpfen und meinen hochhackigsten schwarzen Plateau-Pumps aus Lackleder bedeckte. Vollendet wurde der Look mit langen schwarzen Lederhandschuhen, die mir bis unter die Achsel reichten. Ich gewährte tiefe Einblicke, kaschierte gleichzeitig aber auch meine sogenannten Problemzonen. Das ist in meinem Alter sehr wichtig. Ich besitze ein Paar niedliche fleischfarbene Push-ups, die ich in einem Sexshop gekauft habe: Ich platzierte sie unter meinen Brüsten im Korsett, und plötzlich standen meine Titten hervor wie die eines Pornstars. Hey – wir Mädels brauchen alle Hilfe, die wir kriegen können!

Lils süßes Kleidchen verlieh ihr einen ausgesprochen jungfräulichen Anstrich. Der weiße weiche Baumwollstoff war mit kleinen roten Kirschen bedruckt und so geschnitten, dass er ihre weiblichen Reize bescheiden verhüllte, auch wenn er über ihren knospenden Brüsten ein wenig zu eng anlag. Dazu trug sie schwarze Mary Janes aus Lack und kurze weiße Söckchen. In regelmäßigen Abständen produzierte sie aus dem Kaugummi, auf dem sie herumkaute, eine fette rosarote Blase. Doch mehr noch als das Outfit vermittelten ihre frechen *Ich bin ein unartiges kleines Mädchen*-Manieren den Eindruck der unwiderstehlichen Lolita. Daddy war vollständig in schwarzes Leder mit schweren schwarzen Stiefeln gekleidet und mit seiner kleinen Familie sehr zufrieden, die er in die Cocktailbar hinunterführte.

In der Lounge ist die Party bereits in vollem Gang – zweihundertundfünfzig Menschen drängeln sich dort und versuchen, den ersten Cocktail des Abends zu ergattern. Ich sehe mich um und staune über die unglaublich verschiedenartigen Charaktere. Schwarz ist definitiv die Lieblingsfarbe, es gibt aber auch ein paar Ausnahmen. Ich sehe Menschen jeden Alters und in allen möglichen Klamotten, einige wild sexy und aufreizend in ihren kunstvollen Kostümen.

Manche Frauen sehen einfach großartig aus, tragen nur Pasties auf ihren Nippeln und stellen den Rest ihrer enormen Möpse wunderbar zur Schau. Andere haben sich bescheiden verhüllt, sehen aber immer noch gefährlich attraktiv aus. Hier und da werden auch Masken getragen. Natürlich gibt es auch die üblichen kleinen Ansammlungen übergewichtiger älterer Kerle an der Bar, aus deren Latexshorts oben Bierbäuche und unten haarige Beine herausgucken. Die nachlässige Aufmachung kennzeichnet sie als Swinger, von denen man keinesfalls erwarten kann, viel Zeit oder Energie in Kreativität zu stecken. Sie wollen ficken, und das war's. Punkt. Mit dem Bier in der Hand versuchen sie, durch ihre lauten und nervigen Stimmen die Aufmerksamkeit auf sich zu ziehen. Auf Partys wie diesen tummeln sich alle möglichen Leute. Ich nehme Lil am Arm und lenke sie in eine andere Richtung. Daddy steuert auf eine Frau zu, die er kennt; angeregt unterhält er sich am anderen Ende der Bar mit einer groß gewachsenen Schönheit in einem engen roten Kleid. Er scheint sich zu amüsieren.

Nun sind Lil und ich ganz allein in der Menge. Ich erspähe einen wunderschönen dunkelhaarigen Polizisten ganz in unserer Nähe. Sein himmelblaues Hemd spannt sich über seiner wohlgeformten Brust, dazu trägt er eine verspiegelte Pilotensonnenbrille. Auf seinem Hemd prangt ein Abzeichen, am Gürtel hängt ein glänzendes Paar Handschellen. In einer Hand hält er einen Schlagstock aus Holz; lächelnd sieht er sich um, hat dabei aber niemand Bestimmtes im Auge. Ich fühle mich unwiderstehlich zu dieser jungen maskulinen Schönheit hingezogen, nehme Lils Arm und gehe auf ihn zu.

Guten Abend, Officer, sage ich und sehe ihn begeistert von unten herauf an.

Hey Maggie. Schön, dich zu sehen. Ich wusste nicht, dass du hier sein würdest.

Oh je – kennen wir uns? frage ich, ehrlich überrascht.

Ja, ich bin Patrick, gibt er zurück.

Patrick? Patrick? Ich gehe meine Akten im Kopf durch. Wunderschöner Junge namens Patrick. Wer kann das sein? Dann fällt es mir ein. Ja, klar! Vor einigen Jahren hat Patrick an einem meiner Tempelrituale teilgenommen. Damals war er erst 19, jetzt muss er also 21 oder 22 sein. Wow, er sieht fantastisch aus. Ganz erwachsen und bereit, mit Mommy zu spielen.

Meine Tochter kennst du, glaube ich, noch nicht. Das ist Lil. Lil, das ist Patrick.

Sie sieht ihn von unter ihren dunklen Wimpern herauf an und schnurrt schüchtern: *Hallo.*

Wir haben den gleichen Männergeschmack, ich weiß also, dass sie das Gleiche fühlt wie ich. Schnappen wir ihn uns und haben wir etwas Spaß!

Wow, ist das wirklich deine Tochter? Toll, dass ihr zusammen Partys feiert! Das ist wirklich super! Er mustert Lil durch seine Sonnenbrille hindurch. Er kommt einen Schritt näher, während Lil und ich so viel weiblichen Charme wie möglich versprühen, in der Hoffnung, diesen leckeren Jungen verführen zu können. Sanft berühre ich ihn am Unterarm und flüstere ihm zu, dass wir heute Abend liebend gern mit ihm spielen würden.

Doch plötzlich taucht aus dem Nichts eine stattliche Blondine an seiner Seite auf. Sie trägt ein eng anliegendes weißes Seidenkleid voller weicher Federn und glitzernder Perlen. Um ihren ganzen Körper wellt sich ihr langes blondes Haar. In ihren Plateau-Stöckelschuhen muss sie über 1,80 Meter groß sein, sie sieht einfach atemberaubend aus. Wie ein Raubtier greift sie nach seiner Hand und zieht ihn in sichere Gefilde zurück. *Oh! Ja!* ruft er. *Darf ich euch meine Freundin Katrinka vorstellen?* Er fühlt sich ertappt und ist ein bisschen verwirrt, doch sie übernimmt sofort die Kontrolle. Hochnäsig sieht sie auf mich herab und lässt uns in unverwechselbar osteuropäischem Akzent unmissverständlich wissen, dass wir in ihrem Revier jagen. Dabei lässt sie nicht einen Augenblick seine Hand los, sodass wir ihnen schließlich noch einen schönen Abend wünschen und weiterziehen. Wir arbeiten uns durch die Menge, und während wir mit einem Mann nach dem anderen sprechen, reift ganz allmählich ein Plan in uns.

Wir suchen ein Pony, mit dem wir heute Abend spielen können, sage ich verführerisch zu dem nächsten Mann, den wir treffen. Der große, stämmige Mann sieht ununterbrochen Lil an, während er mit mir spricht. Lil und ich halten uns zwar am Arm, doch er richtet seine ganze Energie auf sie. Zuerst ärgere ich mich darüber. Ich beobachte ihn, und mir wird klar, dass die Interaktionen heute Abend mehr fruchten werden, wenn ich meinen Mann stehe und die Kontrolle übernehme. Mit einer jungen Schönheit am Arm schenken die Männer mir Aufmerksamkeit. Doch um im Spiel zu bleiben, muss ich meine Dominanz zeigen. Als Mauerblümchen kommt man bei dieser Art von Event nicht weit.

Ich nehme das Heft in die Hand und zwinge ihn, sich direkt an mich zu wenden. Bereitwillig fällt Lil in die Rolle des kleinen Mädchens zurück und spielt die

Ahnungs- und Hilflose. Ich antworte für sie. Schließlich ist sie ja nur ein Kind! Ich erkläre ihm, dass wir nach einem unterwürfigen Mann suchen, der heute Abend unser Pony sein möchte. Plötzlich ist er mit seinem Latein am Ende und die Unterhaltung auch. Es stellt sich heraus, dass sich meine dominante Mamarolle gut dazu eignet herauszufinden, welche der Männer wirklich in der Stimmung zum Spielen und welche Pantoffelhelden sind, die später wahrscheinlich nur zusehen werden. Wir arbeiten uns weiter durch die Menge durch und erspähen einen Mann nach dem anderen, von dem wir vermuten, dass er unseren Ansprüchen genügen könnte.

Von hinter der Bar betritt ein mutiger Löwe den Raum. Sein Kostüm ist so theatralisch, dass er sofort alle Augen auf sich zieht. Eine solche Pracht habe ich noch nie gesehen. Ich steuere Lil in seine Richtung. Um ihn hat sich schon eine kleine Menschentraube gebildet, der wir uns anschließen. Von der Hüfte abwärts ist er nackt, doch im oberen Teil seines Körpers ist er ein furchterregender Löwe. Der riesige Kopf ist aus Papiermaché geformt, bemalt und mit gelbem und braunem Fell und einer Mähne beklebt. Daraus starren durchdringende Augen hervor, das große Maul ist mit spitz aussehenden Fängen besetzt. Die Wirkung ist schockierend und erregend gleichermaßen. Der untere Teil seines Körpers ist sonnengebräunt und völlig haarlos. Einladend ragt sein großzügiger dicker Schwanz hervor. In der Haut um seine Genitalien sitzt fest ein silberner Cockring, in seinem Hodensack trägt er ein Piercing mit silberner Kette und einer silbernen Kugel daran. Es zieht seine Eier kräftig nach unten.

Wortlos stehen Lil und ich vor ihm und bewundern ihn in seiner katzenhaften Herrlichkeit. Er ist tatsächlich der König der Tiere! Die Augen bewegen sich nicht, sie sind aus Glas. Ich inspiziere den Löwenkopf aus der Nähe und entdecke winzige Schlitze neben den Glasaugen, aus denen er die Welt um sich herum betrachten kann. Er steht ganz ruhig da und sieht mich an. Ohne etwas zu sagen, trete ich einen Schritt vor und nehme seinen Schwanz in die Hand. Er bleibt weiterhin völlig bewegungslos, die Hände hängen neben dem Körper herab. Er gestattet es mir, ihn zu streicheln. Er leistet keinerlei Widerstand, was mich geradezu elektrisiert. Die Leute um uns herum beobachten die Szene, unterhalten sich, bewundern sein Kostüm. Lil steht schüchtern etwas hinter mir. Nachdem ich seinen steifer werdenden Schwanz eine Zeit lang in der Hand gehalten habe, lasse ich ihn los. Er nickt uns respektvoll zu, wir wenden uns ab. Ich nehme wieder Lils Arm, um in der Menge nach Daddy zu suchen.

Beim Abendessen fällt mir ein wunderschöner junger Mann auf, der am Nebentisch Wein serviert. Er trägt nur schwarze Lederjeans und schwere schwarze Arbeitsstiefel. Haare und Augen sind ebenfalls schwarz, das Gesicht wie gesagt wunderschön, der Oberkörper durchtrainiert, gebräunt und unglaublich maskulin.

Wow, sieh dir den an! Ist der nicht toll? In diesem Augenblick dreht er sich zu unserem Tisch herum und fragt lächelnd: *Weißen oder Roten?*

Er ist so unglaublich attraktiv, wie der Mann von der Levi's-Werbung, nur ohne die Jeans. Ich bin sprachlos, also übernimmt Daddy, und das Sahneschnittchen füllt unsere Gläser. Dann bedient er die anderen Gäste in dem überfüllten Speisesaal.

Eine Stunde später sitze ich allein an der Bar und genieße einen Drink nach dem Essen. Daddy ist hinter der Frau mit dem roten Kleid her, Lil ist nach dem Essen verschwunden, hat mir aber versprochen, mich an der Bar zu treffen. Ich plaudere gerade mit einem etwas älteren Transvestiten mit einer blonden Perücke, da kommt Lil um die Ecke und betritt die Bar. Sie hat einen jungen Mann im Schlepptau, der sich zu meiner großen Freude als der wunderschöne halbnackte Kellner vom Abendessen entpuppt.

Hi Mommy. Sieh mal, was ich dir mitgebracht habe, schnurrt sie in ihrer kätzchenhaftesten Stimme. *Ich weiß, dass er dir sehr gefallen hat, Mommy. Als er mich angesprochen hat, habe ich ihm deshalb gesagt, dass er zuerst dich kennenlernen müsste.*

Der junge Bursche sieht sehr verwirrt aus. Sicherlich hat er auf einen Quickie mit Lil gehofft, doch die denkt gar nicht daran, ihn für sich zu behalten. Sie weiß, dass gute Mädchen alles mit ihrer Mommy teilen.

Wie heißt du? frage ich ihn, strecke die Hand aus und berühre seine haarlose gebräunte Brust.

Brian, antwortet er.

Nun, Brian, Lil und ich würden dich gerne ausprobieren. Ich lasse sie ja schließlich nicht mit irgendjemandem spielen, der hier zufällig vorbeikommt. Wäre das okay für dich?

Äh. Ja, klar. Glaube ich.

Okay. Dann komm mal mit.

Ohne weitere Diskussionen oder gar Verhandlungen eskortieren wir ihn aus der Bar hinaus, den verdunkelten Flur hinunter und in eins der Separees, die eigens für solche privaten Rendezvous arrangiert wurden.

Vor dem Abendessen waren Lil und ich durch das Untergeschoss des Hotels gestromert und hatten die Räumlichkeiten und Einrichtungen dort unten ausgespäht. Außer dem gut ausgestatteten Kerker, der bei dieser Art von Event natürlich nicht fehlen darf, einer Tanzfläche, der Sauna sowie einer großen Bar mit Whirlpool und Loungebereich gab es noch mehrere diskrete kleine abgedunkelte Räume. Diese waren ausgesprochen minimalistisch eingerichtet: auf dem Boden eine kleine Matratze, in einer Ecke eine Kerze, daneben eine Schale mit Kondomen. Nachdem wir uns die junge Schönheit geschnappt hatten, nahmen wir ihn an der Hand und führten ihn in einen dieser anonymen Räume.

Fast jeder Mann, den ich kenne, träumt davon, einmal einen Dreier mit zwei wunderschönen Frauen zu haben. Ein erfolgreicher Dreier erfordert jedoch viel Geschick und die perfekte Kombination der Leute. Mögen die Frauen sich nicht, funktioniert es nicht. Sind es zwei Männer und trauen sie einander nicht, funktioniert es ebenfalls nicht. Die Energie zwischen den Leuten muss genau zum richtigen Zeitpunkt stimmen. Dann allerdings kann die Erfahrung einfach unglaublich sein.

Lil und ich sind schon geil, bevor wir überhaupt angefangen haben. Unsere Mägen sind mit einem köstlichen Essen und sehr gutem Wein gefüllt. Unsere Mösen sind heiß und feucht von der langen Vorfreude auf diese Art der spielerischen Verführung. Wir haben uns den schönsten Jungen ausgesucht, einen, den wir beide begehren. Er steht ganz still in der Mitte des verdunkelten Raums, wir knien vor ihm wie zwei willige Milchmädchen. Gemeinsam knöpfen wir seine Hose auf, und zu meiner großen Überraschung und Freude ploppt uns ein großer harter Schwanz entgegen. Ich kann unser Glück gar nicht fassen! Er ist nicht nur schön, sondern hat auch ein Gehänge wie ein Pferd! Wir kichern in kindlicher Freude und saugen und lecken abwechselnd an ihm wie an einem Lolli. Ich sehe zu Lil hinüber: Obwohl sie den Mund voller Schwanz hat, erscheint auf ihrem Gesicht ein ungezogenes Lächeln.

Ficken wir ihn, Mommy, fordert sie mich mit einem Augenzwinkern auf.

Während unser Boy wortlos aus seiner Jeans steigt, zieht Lil einen blutgetränkten Tampon aus ihrer Möse und wirft ihn in die Ecke – ein hübsches Souvenir für die Putzkolonne am nächsten Morgen. Lil und ich ziehen unsere Röcke hoch und rollen uns gemeinsam auf die Matratze. Ich bin oben, und bevor wir es uns versehen, spreizt uns Brian die Beine und kniet sich dazwischen.

Ich küsse Lil zärtlich auf den Mund und spüre, wie sich Brians Schwanz vorsichtig von hinten nähert und sich dann zwischen die Lippen meiner Möse presst. Für mich ist sein Schwanz ziemlich groß, aber ich bin so erregt und meine Möse ist so feucht, dass er ohne jeglichen Widerstand einfach hineingleitet. Lils heiße kleine Lippen und das erfüllende Gefühl dieses großartigen Schwanzes, der vorsichtig in mich hineinpresst, verschaffen mir ein überwältigendes Lustgefühl. Er beginnt, sich zu bewegen, und in einer unerwarteten Energieexplosion ejakuliere ich. Brian erhöht das Tempo, als mein nasser Saft aus mir herausläuft und auf Lil hinuntertropft. Sie küsst mein Gesicht, saugt an meinen Lippen und steckt mir ihre spitze kleine Zunge in den Mund, während ich vor Vergnügen laut aufschreie.

Ohne Vorwarnung zieht Brian seinen Schwanz aus mir und dringt in Lil ein. Inzwischen schwitzen wir alle reichlich. Alles ist nass, unsere Körpergerüche vermischen sich zu einer köstlichen betäubenden Duftmelange. Lil stöhnt auf, als Brian in sie eindringt. Ich sehe ihr in die Augen, Brian konzentriert sich auf seinen Job. Da ich ihm den Rücken zuwende, kann ich sein schweres Atmen nur hören; Haut klatscht auf Haut, während er pumpt und immer wieder in Lil stößt. Er fickt sie immer weiter, ein Schleier legt sich über ihre Augen, sie gibt sich dem seligen Gefühl des Gefülltwerdens hin. Wir küssen uns noch einmal, ich halte sie ganz fest, während sie der Bewegung seines Schwanzes nachgibt. Sie keucht und schreit auf, als ein mächtiger Orgasmus ihren ganzen Körper schüttelt.

Auf einmal ist es im Raum unerträglich heiß und stickig, wir brauchen eine Pause. Brian setzt sich auf seine Fersen, sein Schwanz ist immer noch hart, erigiert und nass. Lil und ich kämpfen uns in eine sitzende Position. Sogar bei Kerzenlicht können wir sehen, dass wir auf dem Laken unter uns ein Blutbad angerichtet haben. Lil spreizt die Beine und sieht an sich hinunter. Aus ihrer Möse läuft ein kleiner Strom Menstruationsblut, der zwischen ihren Beinen eine Pfütze bildet.

Oh, Daddy wird so stolz auf mich sein! ruft sie. *Endlich habe ich meine Unschuld verloren!*

Auf Brians Gesicht machen sich Schrecken und Verwirrung breit, während er auf das blutbefleckte Laken starrt. *Du warst noch Jungfrau?*

Ja, und danke, danke, Brian! Du warst toll! ruft Lil in ihrer besten Kleinmädchenstimme. *Ich muss unbedingt Daddy das Laken zeigen. Er wird so stolz sein!*

Eilig zieht sich Brian die Jeans wieder an, während Lil das Laken zu einem Bündel zusammenrafft. Der arme verwirrte Kerl kann kaum sprechen, gerade können wir uns noch für später in der Bar mit ihm verabreden. Wir versprechen ihm, dass er im Laufe des Abends auch mal ejakulieren darf. Dann küssen wir ihn flüchtig und verabschieden uns. Wir sind uns einig, dass wir ihn wirklich gehen lassen wollen. Es gibt so viele andere Männer heute Abend, außerdem suchen wir immer noch unser Pony. Brian ist so ein süßer Junge – ich bin mir sicher, dass er jede Menge andere Spielgefährtinnen finden wird. Daddy ist tatsächlich sehr stolz auf sein kleines Mädchen. Später wird er das Laken über die Balkonbrüstung in unserem Zimmer hängen, damit die ganze Welt sehen kann, dass seine kleine Lil schließlich zur Frau geworden ist.

***

Gegen Mitternacht stehen Lil und ich mit einer Erfrischung an der Bar. Wir haben immer noch Unsinn im Sinn und sind bereit für das nächste Abenteuer. Daddy ist nirgends in Sicht, doch an der Bar herrscht ein ständiges Kommen und Gehen. Im Whirlpool tummeln sich Nackte, überall im Raum ficken Paare auf den Kissen und Sofas: zwei Mädchen mit einem Mann, zwei Männer, die eine Frau lecken und ficken, ein Schwarzer mit einer weißen Blondine. Ein Pärchen ist schon seit Stunden zugange. Gelegentlich wechseln sie die Positionen, alles in allem sieht es jedoch nach einem nicht enden wollenden Marathonfick in Zeitlupe aus. Nach einer Weile wird es langweilig zuzusehen. Bei dem Gedanken daran, wie ausgepowert wir sind, müssen wir lachen. Da taucht aus dem Nichts plötzlich ein Mann neben uns auf.

Ich hab gehört, ihr sucht ein Pony. Ich weiß nicht, ob ich euren Ansprüchen genüge, würde mich aber äußerst bescheiden zur Verfügung stellen, solltet ihr mich in Betracht ziehen.

Den ganzen Abend lang haben Lil und ich uns auf nichts anderes konzentriert, als einen Mann zu finden, der sich unseren reiterlichen Begierden fügt – und auf einmal ist er da. Wir haben beide unsere Ponyausrüstung mitgebracht und um Mitternacht endlich einen geeigneten Kandidaten gefunden. Es stellt sich heraus, dass er – Michel – der Löwe ist, den wir vorher in der Bar getroffen hatten. Seine Maske trägt er zwar nicht mehr, doch würde ich diesen Schwanz überall wiedererkennen. Den stellt er immer noch zur Schau, mitsamt dem silbernen Cockring, der den ganzen Batzen Fleisch spielbereit hält. Seine Stimme ist sanft, aber maskulin und selbstsicher. Wir verabreden uns für zwanzig Minuten später am Kamin. Lil und ich sausen aufs Zimmer, um unsere Ausrüstung zu holen. Es herrscht große Aufregung, als wir zur Party zurückkehren und unser Pony auf seinen ersten Ritt vorbereiten.

Im letzten Jahr haben Lil und ich verschiedene Ponyaccessoires zusammengesammelt; am wichtigsten sind das Zaumzeug und der Schweif. Der Schweif ist aus echtem Pferdehaar gefertigt und an einem Anal-Plug aus Chrom befestigt. Ist er an Ort und Stelle, also tief im Arschloch des Mannes/Ponys, ragt nur der schwarze Schweif keck aus seinen willigen Arschbacken hervor. Eine wunderbare Erfindung – jede Mistress, die was auf sich hält, sollte so einen Schweif haben. Auch das Zaumzeug ist schwarz und besteht aus robustem Leder und Gummi. Man steckt es dem Pony zwischen die Zähne und führt es dann über seinen Kopf nach hinten, wo es mithilfe eines dicken Lederbands befestigt wird. Am Kiefer befindet sich auf jeder Seite ein Metallring, durch den lederne Zügel gezogen werden, an denen man das Pony führt. Ohne Schweif und Zaumzeug kann man nicht Pony spielen, aber für heute Abend haben wir noch jede Menge andere Accessoires mitgebracht, die das Spiel um einiges lustiger machen.

Lil und ich haben unsere Reithosen und Reitstiefel angezogen. Wenn man sich mit Ponys herumtreibt, muss man unbedingt das richtige Outfit tragen. Solide Stiefel sind wichtig, weil man nie weiß, ob das Pony störrisch oder ungehorsam wird. In seiner Frustration versucht das dumme Tier vielleicht sogar, seine Mistress zu treten. Abgesehen davon, dass die Stiefel die Mistress schützen und einfach fantastisch aussehen, bringen sie sie auch in die richtige Pferdestimmung. Reitstiefel und eine geschmeidige Reitgerte erinnern eine Lady an ihre Stärke und Autorität.

Michel wartet vor dem Kamin auf uns. Bis auf seinen Schwanzschmuck ist er komplett nackt. Er sieht ein bisschen ängstlich und verloren aus, als wir mit einem Arm voll Ponyausrüstung aus schwarzem

Leder anrücken. Sechs oder acht Leute stehen um uns herum und sind gespannt, was als Nächstes passiert. Daddy sitzt mit der Frau in Rot und einer anderen, die ich noch nie gesehen habe, auf dem großen plüschigen Sofa. Sie flüstern untereinander, doch Lil und ich ignorieren sie und legen uns sorgfältig unsere Ausrüstung zurecht. Striegelbürsten, Zaumzeug, Gerten und Peitschen, mehrere kleine Döschen Salben und Öle, eine kleine Tüte Pferdeleckerli und ein paar andere Gegenstände, die Lil mitgebracht hat und die mir völlig unbekannt sind. Wir breiten alles auf einem kleinen Kaffeetischchen aus, fein säuberlich und griffbereit.

Ohne ein Wort nimmt Lil das Zaumzeug und platziert es zwischen den Zähnen des Ponys. Es beißt auf den harten schwarzen Gummi und hält das Zaumzeug somit an seinem Ort. Damit kann es plötzlich nicht mehr sprechen, was dem Pony das gewünschte Gefühl der Erniedrigung und Machtlosigkeit verschafft – ein wichtiger erster Schritt beim Unterwerfungstraining. Mit geübter Hand führt Lil die Zügel nach hinten und befestigt sie im Nacken des Ponys.

Runter, kommandiert sie und zieht gleichzeitig an den Zügeln. Folgsam geht das Pony nach unten auf seine Hände und Knie. Obwohl sie jederzeit protestieren, sich widersetzen oder das Spiel beenden könnten, fühlen sich die meisten Ponys zu diesem Zeitpunkt bereits unterwürfig und warten darauf, was als Nächstes geschieht. Michel ist da keine Ausnahme: Geduldig wartet er auf die nächste Demütigung. Da fällt mir plötzlich auf, dass er sich umsieht. Er wird von den Leuten, die den Raum betreten und wieder verlassen, abgelenkt. Ich nehme ein schwarzes Satinband vom Tisch und bedecke damit seine Augen. Ich spüre, wie er sich entspannt, als die Außenwelt von ihm abfällt und er in seine eigenen Gefühle und Wahrnehmungen sinken kann.

Lil nimmt den Schweif vom Tisch und bewundert einen Augenblick lang seine Handwerkskunst. In einem nächsten Schritt wollen wir den glänzenden Anal-Plug aus Chrom im Hinterteil unseres Ponys platzieren. Das kann ganz ausgesprochen lustvoll oder ein verdammter Schmerz im Arsch sein, je nach Vorbereitung, Geschick und Gleitmittel. Es kann zwar Spaß machen, das Pony auf alle möglichen Arten zu quälen, doch besteht das Ziel des Spiels zu diesem Zeitpunkt darin, es zur Unterwerfung zu verführen, nicht, es zu foltern. Da ich mich mit Männerärschen ein wenig auskenne, streife ich mir schwarze Latexhandschuhe über, greife nach der Tube Gleitmittel und bringe mich hinter dem Pony in Stellung. Lil beugt sich über seinen Kopf mit der Augenbinde und streichelt es aufmunternd. Ich gebe eine großzügige Menge Gleitmittel in meine behandschuhte Hand und lasse sie zwischen seinen Arschbacken entlanggleiten. Ich heize ihn ein wenig auf, bevor ich damit beginne, seine zarte kleine Rosette zu streicheln. Sanft drückt er seinen Hintern in meine Richtung, um mir zu signalisieren, dass ihm das Gefühl gefällt und ich weitermachen soll. Schließlich lasse ich meinen Mittelfinger auf seinem Arschloch ruhen, und plötzlich wird es im Raum ganz still. Lil hält die Zügel straff und flüstert dem Pony beruhigend etwas ins Ohr. Sanft drücke ich meine Fingerkuppe etwas hinein, woraufhin sein Schließmuskel gleich meinen ganzen Finger nach innen zieht.

Ich liebe es, in den Körper eines anderen Menschen einzudringen. Männer tun das die ganze Zeit, ohne auch nur einmal darüber nachzudenken. Mein ganzes Leben lang hatte ich Schwänze und Finger und andere Dinge in meinem Körper, doch erst vor Kurzem wurde mir klar, wie sehr sich die Machtverhältnisse ändern, wenn ich diejenige bin, die penetriert. Vor ein paar Jahren hatte ich an einem Wochenendworkshop zum Thema weibliche Dominanz teilgenommen, für den uns der Veranstalter großzügig fünf männliche Sklaven zum Üben zur Verfügung gestellt hatte. Während die anderen Frauen es mit Nippelklammern, Seilknoten und schicken Lederpeitschen probierten, verbrachte ich den Abend damit, alle männlichen Ärsche im Raum zu penetrieren. Ich hatte genügend Gummihandschuhe und eine große Tube Gleitmittel und ging von Mann zu Mann, um die Grenzen dieser Abartigkeit zu erforschen.

In den darauffolgenden Jahren erweiterte ich mein Repertoire. Natürlich kann man alle möglichen Objekte in den Arsch eines Mannes stecken, doch ich bevorzuge immer noch meine Finger. Ein Strap-on-Dildo ist cool, doch fühlt ein Silikonschwanz nichts. Ich mag es, wenn sich der Schließmuskel erst gegen meine eindringenden Finger wehrt, sich wehrt und wehrt und dann schließlich der übermächtigen Kraft meines Willens nachgibt. So zumindest fühlt es sich für mich an. Seltsamerweise reagiere ich auf die Bitte, jemanden zu penetrieren, wenn er also *will*, dass ich es tue, wenn er anale Stimulation will, mit dem genauen Gegenteil. Wenn ein Mann mich darum bittet, mit seinem Arsch zu spielen, bin ich absolut abgeturnt. Ich möchte einen Mann penetrieren, weil ich es will. Ein sehr großer Unterschied! Wahrscheinlich sind die Jahre, in denen ich den Bedürfnissen der Männer gedient habe, einfach vorbei.

Es überrascht Sie hoffentlich nicht, doch viele Männer lieben es, wenn man ihren Arsch berührt, streichelt und sogar in ihn eindringt. Selbst in dieser exponierten Situation der Fetischparty spüre ich, dass es dem Pony gefällt, wenn mein Finger in sein Hinterteil hineingleitet. Es hält ganz still, während ich eindringe. Ich gehe ganz langsam hinein und gestatte es den Muskeln, sich um meinen Finger herum zu entspannen. Dann bewege ich ihn ein paar Mal vor und zurück, damit der Gang gut geschmiert ist. Das soll kein echter Arschfick werden, ich will nur, dass das Pony sich genug entspannt, um seinen Schweif zu bekommen. Ich nehme den Anal-Plug aus Chrom mit dem anhängenden Schweif in die andere Hand und halte ihn kurz an seine Arschbacken. Langsam ziehe ich meinen Finger heraus und platziere den Plug direkt auf seinem Arschloch. Noch ein bisschen Gleitmittel, und es kann losgehen.

Anal-Plugs sind so geformt, dass sie in dieses enge Loch dringen können, man muss sie allerdings hineinschieben. Man muss den äußeren Schließmuskel überwinden und in den Raum gleich dahinter vordringen. Der Plug hat an seiner Basis eine kleine Randleiste, die außerhalb des Körpers verbleibt und verhindert, dass das ganze Ding nach innen gezogen wird. Es ist ein ziemlich mächtiges Gefühl, jemandem einen solchen Gegenstand in den Arsch zu drücken – vor allem dann, wenn einem eine ganze Gruppe faszinierter Zuschauer dabei über die Schulter guckt. Das Pony rührt sich nicht. Ich drücke sanft, aber bestimmt immer tiefer hinein. Dann – plopp! – ist das Ding drin. Es ist ein großartiger Anblick, wie der lange schwarze Schweif aus Pferdehaar zwischen seinen Arschbacken herausragt. Jetzt sieht er wirklich aus wie ein Pony! Ich sehe auf, Lil strahlt mich an. Wir klatschen uns über dem Rücken des Ponys ab und sind mit unserer Arbeit bislang sehr zufrieden.

Pony ist sehr schmutzig, Mommy. Ich glaube, ich muss ihn ein wenig striegeln. Lil nimmt ihre beiden Bürsten zur Hand und führt sie mit langen Strichen über die Haut des Ponys. Plötzlich bäumt es seinen blassen Rücken auf, es muss sich also ziemlich unangenehm anfühlen. Lil schießt sich auf eine bestimmte Stelle an seinem Rumpf ein und reibt daran, als wolle sie einen Fleck entfernen. Wir haben die Positionen getauscht, nun halte ich die Zügel. Jetzt buckelt und zittert und tritt das Pony, doch Lil lässt nicht locker. *Halt ihn fest, Mommy. Er ist wirklich schmutzig.* Ponys blasse Haut nimmt unter der Bürste rasch ein schmerzhaft entzündetes Rot an; er versucht immer noch, sie wegzutreten. Durch das Zaumzeug kann er nicht protestieren.

In solchen Augenblicken werde ich an Lils ausgeprägte sadistische Neigungen erinnert. Im Vergleich dazu bin ich eine wirklich weichherzige Mistress, also gebe ich ihr ein Zeichen, einen Gang zurückzuschalten. Sie hört mit dem Bürsten auf und greift nach einem Gläschen *Tigerbalm;* dann schmiert sie eine großzügige Portion der brennenden Muskelcreme auf den ohnehin schon blutroten Rumpf. Sie lacht voller Entzücken, und auch ich empfinde ein gewisses boshaftes Vergnügen daran, unser williges Opfer derart zu quälen.

Wir nehmen Pony die Augenbinde ab und geben ihm einen Moment Zeit, damit sich seine Augen wieder an die Umgebung gewöhnen können. Mittlerweile hat sich eine kleine Traube um uns gebildet, die Leute sehen uns zu und kommentieren unser Spiel. Es ist an der Zeit, unser Pony ein wenig im Hotel herumzuführen. Ich führe ihn durch die Bar, über die Tanzfläche, die Treppe hinunter und in den Kerker. Pony folgt mir auf Händen und Knien. Ein paar Mal stolpert er auch, ich kann mir vorstellen, dass ihm die Knie weh tun. Gelegentlich halten wir an, wenn Leute ihn bewundern oder streicheln wollen. Sie scheinen von Pony fasziniert zu sein. Sie starren uns an, während wir von Raum zu Raum marschieren, und stellen uns hier und da auch Fragen: Wie hält man ein Pony? Was frisst es? Wie heißt es? Und so weiter. Natürlich antworten wir für ihn – er ist nur ein dummes Tier mit Zaumzeug im Maul.

Im hinteren Eck des abgedunkelten Kerkers erspähe ich einen kleinen Käfig. Wir lächeln und nicken uns zu, und ohne ein weiteres Wort führt Lil Pony zur Käfigtür. Sie öffnet den Käfig, doch Pony weigert sich, ihn zu betreten. Bis jetzt war er absolut fügsam und kooperativ. Anscheinend hat er nun eine innere Grenze erreicht, einen Ort der Angst; die Vorstellung, in einen Käfig eingesperrt zu werden, bringt ihn völlig aus der Fassung. Einen Augenblick lang fühle ich mich unentschlossen; ich will ihn nicht zwingen, Lil aber ist klar und kompromisslos. Sie schiebt von hinten und schlägt ihn ein paar Mal mit der Peitsche auf das Hinterteil. Nach anfänglichem Zögern gibt er schließlich auf und geht in den Käfig. Der ist so klein und beengend, dass Pony nur darin kauern kann. Er lässt sich nieder und legt das Gesicht auf die Hände. Lil und ich treten etwas beiseite, damit die Leute unser süßes Pony bewundern können. Wir sind sehr stolz auf uns und ihn.

Eine Weile betrachten wir unser Werk noch, dann haben wir Lust auf einen Drink. Pony allein zu lassen, trauen wir uns jedoch nicht. Obwohl er sicher ist in seinem Käfig, wäre es eine unentschuldbare Grausamkeit, insbesondere da er so viel Angst hatte und nicht eingesperrt werden wollte. Also öffnen wir die Tür wieder, lassen ihn aus dem Käfig und führen ihn zum Kamin zurück. Dort nehmen wir ihm nach und nach das Geschirr ab. Wir lassen die Dinge in einem Durcheinander auf dem Boden liegen und führen ihn langsam in Richtung Sofa.

Michel ist schweißgebadet. Er sieht erschöpft aus und ist sprachlos. Im Raum ist es ganz ruhig, wir drei umarmen uns stumm und setzen uns ganz nah nebeneinander auf das Sofa. Es ist schön, nun aus der Rolle treten zu dürfen, und ein seltsames wohliges Gefühl überkommt mich.

Wir sitzen noch eine Weile still da und warten, bis Michel zu sich als Mensch statt als Pony zurückgefunden hat. Wir fühlen uns intensiv im Augenblick verankert. Wir sprechen nicht, halten uns nur aneinander fest. Plötzlich sehe ich, dass Michel eine Träne über die Wange läuft.

Bist du okay? frage ich ihn schließlich. Als Michel versucht, über seine Erfahrung zu sprechen, versagt ihm zunächst die Stimme. *Ich bin einfach so gerührt,* sagt er. *Ich fühlte mich so geliebt und versorgt. Zuerst hatte ich Angst. Vor allem vor dem Käfig. Aber ihr habt mich nie allein gelassen und habt euch mit so viel Hin-*

gabe um mich gekümmert. Ich möchte euch beiden für diese erstaunliche Erfahrung danken. Ich werde sie nie vergessen.

Nun ist es an mir, gerührt zu sein. Ich beginne zu ahnen, dass weibliche Dominanz, selbst in einer solchen spielerischen Umgebung, für jeden Mann ein einmaliges Geschenk ist – für jeden, der reif genug ist, es zu empfangen. Lil und ich sagen nicht viel dazu. Wir halten Michel noch eine Weile, stehen dann auf und bewegen uns in Richtung Bar, um uns unseren wohlverdienten Drink zu holen.

Wenige Stunden später wache ich mit diesem vertrauten Der-Morgen-danach-Gefühl auf: zu viel gefeiert, zu viel getrunken, zu wenig geschlafen – und das in einem fremden Bett inmitten von Bergen von Sexutensilien aus Leder und Gummi. Ganz, ganz langsam öffne ich ein Auge und lasse es über die Szenerie schweifen. Mit den schweren Vorhängen haben wir die erbarmungslose Bergsonne ausgesperrt, doch ein Strahl hat seinen Weg in unser Bett gefunden. Im Zimmer ist es zuerst ganz still. Ich muss die Erste sein, die aufgewacht ist. Ich blicke um mich und sehe Lil, die sich neben mir wie ein kleines Kind zu einer Kugel zusammengerollt hat. Sanft streichle ich ihren blonden Kopf. Ich strecke mich kurz, kuschle mich wieder ins Bett und versuche, wieder einzuschlafen.

Daddy liegt neben uns auf seiner Matratze. Ich tue so, als ob ich schlafe, beobachte ihn aber heimlich durch halb geöffnete Augen. Er hat die Bettdecke zurückgeworfen und hält seinen Schwanz in der Hand. Er zieht daran und reibt ihn, bis er ihn in eine respektable Morgenlatte gearbeitet hat. Nach ein paar Minuten steht er langsam auf und trägt seinen steifen Schwanz vielversprechend vor sich her. Er geht zur Kommode hinüber, nimmt eine Kondompackung heraus, öffnet sie und rollt sich ein Kondom übers Glied. Ich tue immer noch so, als ob ich schlafe, und unterdrücke die wachsende Erregung, die es mir verschafft, ihn so verstohlen zu beobachten.

Er dreht sich zum Bett um und schlüpft in die Lücke zwischen Lil und mir, mit dem Rücken zu Lil. Ohne Ankündigung, als wären wie seit dreißig Jahren verheiratet, zieht er meine Hüften an seine heran und dringt von hinten in mich ein. Einfach so. Meine verschlafene Möse heißt ihn wie einen alten Freund willkommen. Ich spiele weiter toter Mann, nur hin und wieder entschlüpft meiner Kehle ein Grunzen. Küsse oder andere äußere Anzeichen gegenseitiger Zuneigung gibt es nicht. Das ist das Spiel. Ich bin seine alte Lady, niemand Besonderes, die Mommy der Familie. Und der besorgt es Daddy gelegentlich, wenn ihm danach ist. Da ich kein Spielverderber bin, entspanne ich mich und genieße den Sonntagmorgenfick. Lil rührt sich ein wenig, rollt sich auf die andere Seite und versucht, uns zu ignorieren.

Ich lasse mich wieder in den Schlaf sinken. Als ich aufwache, liegen sich Daddy und Lil in den Armen. Ich spähe zum Nachttisch hinüber und taste nach meiner Armbanduhr. In einer halben Stunde schließen sie das Frühstücksbüfett. Wenn wir noch etwas zwischen die Zähne haben wollen, müssen wir in die Puschen kommen. Daddy und ich machen uns auf den Weg zum Speisesaal, während Lil erst langsam zu sich kommt. Wir schicken einen Kellner mit einem Frühstückstablett zu ihr hinauf. Als jemand an unserem Tisch nach ihr fragt, sage ich, dass sie mürrisch und übellaunig aufgewacht sei, wie Teenager eben so seien. Wir haben sie auf dem Zimmer gelassen, damit sie eine Weile für sich sein kann.

Seit der Party ist inzwischen fast ein Jahr vergangen. Daddy und Lil sind immer noch zusammen. Manchmal spielen sie Dirty Daddy, manchmal sind sie einfach nur Freunde. Lil ist immer noch mein Mädchen. Da wir in verschiedenen Städten leben, treffen wir uns nur hin und wieder. Sie wird mir immer eine wertvolle Freundin sein und eine wunderbare Spielkameradin. Ich liebe es, ihre Mommy zu sein, und kann unser nächstes Abenteuer kaum erwarten. Doch – das Familienleben gefällt mir.

Das ORGASMOBILE

*Der Orgasmus ist nicht mehr länger eine rein
biologische Funktion, noch ist er der Neben-
effekt von zwanglosem Vergnügen [...]. Er ist
das Zentrum der menschlichen Erfahrung und
entscheidet letztendlich über das Glück der
menschlichen Rasse.*

Wilhelm Reich

Wie kann es zum öffentlichen Dialog über die Themen Orgasmus und Pleasure kommen? Eines Morgens saß ich mit einer Tasse heißem Kaffee in meinem roten Ledersessel und beobachtete die Vögel, die sich Futter aus dem Vogelhäuschen auf meiner Terrasse holten. An diesem kalten Morgen Mitte Februar war der Himmel so klar und blau, dass er schon den baldigen Frühling verhieß. Ich spürte, wie in mir ein kreativer Prozess in Gang kam, ein Abbild des versteckten Potenzials, das die kommende Jahreszeit in sich trug. Welche frische neue Idee könnte ich in diesem Jahr zum Blühen bringen? Wie ein größeres Publikum erreichen? Wie eine Diskus-

163

sion über Pleasure mit dem Mann / der Frau auf der Straße beginnen?

Seit Jahren hatte ich Workshops geleitet und Hunderten von Frauen über die Schwelle der Scham zu einer kraftvollen weiblichen Sexualität geholfen. Zudem waren viele Menschen von meiner provokativen Sichtweise fasziniert – insbesondere Journalisten auf der Suche nach einer guten Story. Ich war in Dokumentationen und Livetalkshows aufgetreten. Ich war gefilmt und fotografiert, befragt und interviewt worden. Meine Artikel waren in allen möglichen Zeitungen und Zeitschriften erschienen. Die Medien liebten mich. Dennoch hatte ich das Gefühl, dass es da draußen ein Publikum gab, das meine Botschaft der weiblichen Lust und sexuellen Befreiung noch nicht empfangen hatte. Ich suchte nach einem Weg, dieses Publikum zu erreichen. Aber auf eine leichte und amüsante Art. Es sollte Spaß machen – sowohl mir als auch dem Publikum. Und es sollte um köstliche, ekstatische, atemberaubende Lust gehen.

Vor einigen Jahren hatte ich im Rahmen des berühmten Kunstfestivals *Burning Man* in den USA einen kleinen Frauentempel auf Rädern gebaut; mithilfe dieses öffentlichen Forums wollte ich auf den weiblichen Orgasmus aufmerksam machen. Die Konstruktion war ganz einfach: eine kleine runde Basis mit einem Zelt aus roter Seide obendrauf. Im Inneren war das Zelt mit vielen weichen Kissen und einer Auswahl an Hochleistungsvibratoren ausgestattet. Die Frauen auf dem Festival konnten hineinklettern, zum Schutz der Privatsphäre den Eingang des Zelts schließen und einen wunderbaren Orgasmus genießen. Jeden Tag zog ich den kleinen Wagen in die

Mitte des Festivalplatzes, damit jede Frau, die wollte, verstehen konnte, was es bedeutet, sich der orgasmischen Lust, sich Pleasure hinzugeben. Ich hatte auch einen Namen für meinen kleinen Tempel auf Rädern: das ORGASMOBILE. Eine tolle Erfahrung. Ich hatte vermutet, dass die Frauen zu schüchtern und / oder zu verklemmt seien, um einzusteigen und tatsächlich einen Orgasmus zu haben. Doch weit gefehlt! Die Frauen liebten das ORGASMOBILE! Und da wurde mir klar, dass es mit Humor und Kreativität sehr einfach ist, Frauen meine Botschaft der Freiheit durch sexuelle Ekstase zu vermitteln.

An diesem frühen Februarmorgen, als ich den Vögeln dabei zusah, wie sie sich hungrig ihr Futter holten, fasste ich einen Entschluss: In den kommenden Monaten würde ich ein weiteres ORGASMOBILE bauen, hier in Zürich. Damit wollte ich dann durch das Land fahren und Pleasure mit den Frauen in der ganzen Schweiz teilen. Damit wollte ich die Diskussion über die weibliche Lust im ganzen Land ankurbeln. Ich wollte die frohe Botschaft unserer sexuellen Befreiung auf den Straßen und Plätzen meiner Heimatstadt verkünden und in jeder anderen Stadt, die mich haben wollte. *Pleasure für alle!* Ich ahnte eine Möglichkeit, mit Frauen zu sprechen, die ich sonst nie erreichen würde. Straßentheater in Höchstform mit dem übergreifenden Thema des weiblichen Orgasmus. Ich trank meinen Kaffee aus, griff nach dem Telefon und trommelte einige Freunde zusammen, die mir dabei helfen könnten, meine Vision zum Leben zu erwecken.

Der Erste, mit dem ich Kontakt aufnahm, war ein Freund, der eine Hobbyholzwerkstatt betrieb. Ich schickte ihm eine Skizze dessen, was mir vorschwebte. Dieses Mal sollte die Basis rund, nicht eckig sein. Rund wie eine Frau. Rund wie eine Brust. Das Zelt darauf sollte ebenfalls rund sein.

Er versprach, mir bei der Planung und Ausführung des Wagens zu helfen; ein paar Tage später trafen wir uns, um über die Gestaltung und die dafür notwendigen Materialien zu sprechen. Die Basis sollte robust und mit kräftigen Rädern versehen sein. Da ich den Wagen durch die Stadt ziehen wollte, musste er gleichzeitig aber auch mobil und funktional sein. Das ORGASMOBILE sollte so solide, groß und privat sein, dass eine Frau bequem darin Platz fand. Kein Bett, kein Ort für Paare – nein, ein süßer, runder kleiner Pleasure-Tempel für jeweils nur eine anspruchsvolle Frau auf einmal.

Das Zelt sollte etwas ganz Besonderes sein. Da hatte ich eine Idee: Ich wollte alle Frauen in Zürich dazu einladen, mir beim Bau des ersten Schweizer ORGASMOBILES zu helfen. Um die Bevölkerung (und die Presse) für mein Projekt zu interessieren, brauchte ich einen Köder. Etwas, das garantiert die Aufmerksamkeit aller erregen würde. Und was verbindet Frauen aller Nationalitäten, ungeachtet ihrer Rasse oder Religion? Der BH natürlich! Davon wollte ich so viele wie möglich sammeln, mehrere Hundert, sogar Tausend, und sie zu einem eleganten Gobelin zusammennähen. Diese Zeltbedeckung aus BHs würde die weibliche Bevölkerung repräsentieren und sie dazu anregen, die Verbreitung der weiblichen Lust zu unterstützen. Als es ein bisschen wärmer und schließlich Frühling geworden war, schickte ich folgenden Text an die Presse:

Gesucht: BH-Spenderinnen für den Bau von Zürichs erstem ORGASMOBILE

Zürcher Sexpertin startet am Montag, 16. März, eine groß angelegte BH-Sammelaktion auf dem Paradeplatz Zürich

Um punkt 12 Uhr mittags geht es los. Zürichs Sexpertin Maggie Tapert wird zusammen mit anderen weiblichen *Pleasure Activists* auf dem Paradeplatz Zürich Position beziehen – mit einem riesigen Wäschekorb bewaffnet. Diesen will sie mit 1000 Büstenhaltern füllen. Sie ruft deshalb jede Frau, jeden Mann und jedes Kind dazu auf, so viele BHs wie möglich zu sammeln und ihr zu bringen.

Tapert wird in Zukunft jeden Montag von 12.00 bis 13.00 Uhr auf dem Paradeplatz Zürich anzutreffen sein – so lange, bis ihr großer Wäschekorb prallvoll ist, gefüllt mit 1000 BHs. *Alle BHs sind willkommen,* sagt Tapert, *egal, ob alt, neu, ausgeleiert oder verwaschen, Push-up oder mit Spitzen versehen. Je unterschiedlicher sie sind, umso lebhafter wird das ORGASMOBILE.*

Das ORGASMOBILE ist eine Erfindung von Maggie Tapert: ein kleiner, fahrbarer Palast des Vergnügens auf Rädern. Wie das Gefährt in ihrer Show zum Einsatz kommen wird, verrät die umtriebige Sexpertin aber (noch) nicht. *Das bleibt vorerst der Fantasie jedes Einzelnen überlassen,* sagt sie. Die Innenkonstruktion des ORGASMOBILES wird aus solidem Holz und Metall gebaut, doch die äußere Oberfläche wird eine weiche, farbenfrohe Collage von alten Büstenhaltern sein, ein Gobelin der Weiblichkeit.

Ihre BH-Sammelaktion will Zürichs bekannteste Sexaktivistin deshalb als mehr als eine bloße Kleidersammelaktion verstanden wissen. *Wer uns einen*

oder mehrere BHs spendet, nimmt an der von mir prokla-
mierten Pleasure Revolution teil – und wird zum Pleasure
Activist: zu jemandem, der sich bewusst entschlossen hat,
Pleasure in sich selbst und in seiner Umwelt zu fördern.

Ich baute auch einen Behälter, in dem ich die BHs
sammeln wollte, und erschien in der ersten Woche
pünktlich um 12 Uhr mittags mit einem Team von
Freundinnen auf dem Hauptplatz. Jede von uns
trug einen roten Button mit der Aufschrift *Pleasure
Activist;* dazu verteilten wir Postkarten mit Informationen über unser Projekt. Ich hatte alle meine persönlichen Freunde und Geschäftskollegen gebeten,
zu erscheinen und mich mit der Spende zumindest
eines BHs zu unterstützen. Ich wollte die Sache ins
Rollen bringen, die Öffentlichkeit sollte sehen, dass
sich der Behälter tatsächlich füllte.

Außer den Leuten, die auf dem Platz einfach nur
den mittäglichen Sonnenschein genossen, waren auf
meine Pressemeldung hin auch zahlreiche Journalisten und Reporter gekommen. Sie begannen, sich
allmählich für den Fortschritt des ORGASMOBILE-
Projekts zu interessieren. Ich war hochzufrieden mit
der Resonanz: Am ersten Tag sammelte ich 42 gebrauchte BHs in allen Regenbogenfarben. Einige waren mit Spitze und Bändern versehen, einige waren
fast neu, einige uralt und grau vom vielen Tragen
und Waschen. Für den Anfang nicht schlecht, doch
lag noch ein weiter Weg vor mir, bevor ich mein Ziel
von 1000 BHs erreichen würde.

Als ich so in der Frühjahrssonne auf dem Paradeplatz stand, lächelte und mit neugierigen Passanten
plauderte, erschienen plötzlich zwei schlicht geklei-

dete Beamte der Gewerbepolizei und wollten meinen Ausweis und meine Zulassung sehen. Es stellte sich heraus, dass in Zürich jede Art von öffentlichem Auftreten ohne Erlaubnis der Polizei strengstens verboten ist. Spenden sammeln, musizieren, verkaufen, Broschüren verteilen, ja selbst das Sammeln von BHs für ein ORGASMOBILE – all diese öffentlichen Aktivitäten müssen vorher offiziell von der Polizei genehmigt werden. Die beiden Beamten waren sehr freundlich und amüsierten sich über meine Kühnheit; sie bestanden allerdings auch darauf, dass ich mir eine Genehmigung besorgen müsste, wenn ich in der kommenden Woche weitermachen wollte. Ich bedankte mich höflich bei ihnen und beschloss, am nächsten Tag auf der entsprechenden Behörde vorbeizuschauen.

Gesagt, getan. Doch der freundliche Mann hinter der Glasscheibe lachte nur, als ich ihm mein Anliegen vortrug. Keinesfalls würde ich je eine solche Erlaubnis bekommen, ganz besonders nicht auf dem Paradeplatz, dem Heiligsten des Heiligen, dem Zentrum des Handels und der Banken in der ganzen Schweiz. Alle großen Bankinstitute haben dort ihre Hauptniederlassungen. Nur religiöse Organisationen wie die Heilsarmee bekommen die Erlaubnis – und das auch nur zu Weihnachten –, dort zu singen und Geld für gute Zwecke zu sammeln. Auch ihm dankte ich freundlich und begann, meinen nächsten subversiven Zug zu planen. Nur religiöse Organisationen? Das ließ sich einrichten!

Am nächsten Sammeltag verkleidete ich mein Team als katholische Nonnen und nannte sie die *Schwestern der Göttlichen Gnade*. Sie sahen fantastisch aus in ihren schwarz-weißen Ordenstrachten. Dazu trugen sie sorgfältig geschminkte knallrote Lippen, große Sonnenbrillen, sexy High Heels und unseren roten *Pleasure Activist*-Button. Kurz bevor wir meine Wohnung verließen, rief ich einen lokalen Fernsehsender an und sprach mit dem diensthabenden Reporter. Ich erzählte ihm, dass ich mich von der Polizei schikaniert fühlte und dass nur protestantische Gruppen wie die Heilsarmee auf dem Paradeplatz sammeln dürften. Um gegen diese unfaire Behandlung zu protestieren, hatte ich eine Gruppe katholischer Nonnen aufgetrieben, die mir beim Sammeln diese Woche helfen wollten. Er roch eine gute Story und erklärte sich einverstanden, sich mit uns zu treffen und uns auf dem Platz zu filmen.

Als wir ankamen und er meine *Nonnen* in High Heels sah, fing er sofort Feuer. Da er Humor hatte, drehte er an Ort und Stelle einen amüsanten kleinen Fünf-Minuten-Bericht über unser Projekt. Glücklicherweise gab es damals gerade wenig anderes Berichtenswertes auf der Welt – kein Bürgerkrieg, keine Naturkatastrophe, kein Sexskandal unter Politikern. Also zeigten sie den Bericht über meine hilfsbereiten Nonnen das ganze Wochenende lang immer wieder. Und plötzlich wusste jeder Mann, jede Frau und jedes Kind in Zürich über mein ORGASMOBILE-Projekt Bescheid.

Als ich in der darauffolgenden Woche mit meinem Behälter auf dem Platz stand, kamen die Frauen aus allen Teilen des Kantons mit Säcken voller BHs. Die hatten sie auch bei ihren Freundinnen und Nachbarinnen gesammelt und haufenweise herangeschleppt, um sie meiner Sammlung zuzuführen.

Frauen, die ich sonst nie getroffen hätte, Frauen, die den Ruf vernommen hatten und die Idee ungeheuer aufregend fanden, Frauen jeden Alters und in allen möglichen Lebenssituationen – sie alle kamen, um Teil des ORGASMOBILE-Projekts zu sein, um mich beim Unterstützen der weiblichen Lust zu unterstützen. Sogar ein reizender Mann ließ sich mein Projekt von mir erklären und ging dann in den nächsten Laden, um einen brandneuen BH zu kaufen. Er wollte auch einen beisteuern und Teil des Projekts sein. Das berührte mich sehr und erinnerte mich daran, dass Männer die Ersten sind, die davon profitieren, wenn Frauen sich mit Pleasure verbinden. An diesem Tag sammelten wir in der ersten halben Stunde fast vierhundert BHs.

Fröhlich sah ich zu, wie sich der Behälter immer mehr füllte, als plötzlich zwei Polizisten vor mir standen. Einen erkannte ich von der Woche zuvor wieder, dieses Mal hatte er seinen Vorgesetzten mitgebracht. Sie lächelten nicht und waren nicht im Geringsten von meiner kleinen Show amüsiert. Eigentlich waren sie sogar ziemlich sauer und verströmten aggressive Polizeiautorität. Sie hatten mich letzte Woche gewarnt, dass ich eine Erlaubnis bräuchte. Ich hatte keine und doch stand ich wieder hier und sammelte BHs in schamloser Missachtung des Gesetzes. Und nicht nur hatte ich keine Erlaubnis, ich hatte noch nicht einmal einen Ausweis bei mir. Das nervt die Polizei richtig – also nahmen sie mich fest.

Nach etwa zwanzig Minuten Diskussion forderten sie Verstärkung über das Walkie-Talkie an. Zwei Autos und vier Polizisten waren nötig, um meinen Sammelbehälter auseinanderzunehmen und mich und meine rund vierhundert BHs aufs Revier zu verfrachten. Das Ganze kam mir unglaublich lustig vor, wie in einem wirklich schlechten Hollywoodfilm. Die Beamten blieben auf der Fahrt zum Revier sehr ernst und schienen sich und ihre Verantwortung, das Gesetz durchzusetzen, sehr wichtig zu nehmen. Sie wollten mich erschrecken und mich von der Schwere meines Vergehens überzeugen. Das ist nicht zum Lachen. Als wir das Revier betraten und uns an einem Schreibtisch in einem anonymen grauen Büro niederließen, zog der diensthabende Beamte seine Schusswaffe aus dem Halfter und legte sie vor sich auf den Tisch. Damit wollte er seine schwanzgesteuerte Autorität demonstrieren, aber ich konnte das Ganze immer noch nicht ernst nehmen.

Ich amüsierte mich prächtig. Ich konnte mich gerade noch zurückhalten, laut aufzulachen, als er begann, mich wie eine gefährliche Kriminelle zu verhören. Zuerst las er mir meine Rechte vor, wie im Krimi im Fernsehen. Als ich ihm dann versicherte, keinen Anwalt zu wollen, stellte er mir Fragen und gab die Antworten in ein Computerformular ein. Er befragte mich über meinen Hintergrund und meine mögliche Verbindung zu politischen Organisationen oder religiösen Sekten. Er wollte die politischen, religiösen und moralischen Beweggründe hinter meiner Arbeit verstehen. Anscheinend nahm er an, ich sei entweder ein Guru, ein Freak oder die Anführerin einer neuen Glaubensrichtung. Oft musste ich über die Dummheit seiner Fragen lachen, was ebenfalls in meinem *Geständnis* festgehalten wurde. Dieses musste ich dann am Ende der gründlichen Befragung unterschreiben.

Am Schreibtisch neben uns zählte ein anderer Beamter sorgfältig alle BHs, die sie konfisziert hatten. Ich sah zu ihm hinüber, wie er die BHs sortierte. Auf der einen Seite des Schreibtischs lag ein riesiger Haufen bunter BHs, die er hochkonzentriert in kleineren Portionen auf die andere Seite des Schreibtischs zählte. Fünf von dem einen Stapel – eins, zwei, drei, vier, fünf – schwupps, auf die andere Seite, einen Strich auf dem rosafarbenen Post-it gemacht, die nächsten fünf – eins, zwei, drei, vier, fünf – schwupps, der nächste Strich und so weiter, wie ein Pfadfinder, der seine Murmeln zählt, bis er schließlich genau wusste, wie viele BHs ich illegal gesammelt hatte. Nachdem ich mein Geständnis unterzeichnet hatte, erhielt ich eine sorgsam ausgestellte Quittung über einen Sammelbehälter und 423 gebrauchte BHs. Dann ließen sie mich gehen, und mit leerem Kopf ging ich nach Hause. Es war inzwischen mittlerer Nachmittag geworden.

Als ich an diesem Abend alleine in meiner Wohnung saß, überkam mich schließlich doch noch eine Glaubenskrise. Mit dem Whiskeyglas in der Hand stand ich auf meiner Terrasse und starrte in den immer dunkler werdenden Nachthimmel. Das erste Mal an diesem Tag hatte ich Angst. Das Adrenalin, das meinen Mut genährt hatte, mich öffentlich über die Polizei lustig zu machen, war längst abgebaut. Ich hatte mehr als die Autorität infrage gestellt. Ohne auch nur einen Moment nachzudenken, hatte ich einen Polizeibeamten lächerlich gemacht. Ich hatte über die Dummheit seiner Fragen gelacht und ihm unmissverständlich meine Verachtung gegenüber dem System, das er repräsentierte, gezeigt. Und nicht einen Augenblick hatte ich über die Konsequenzen nachgedacht. Doch jetzt, allein mit meinen Gedanken, fühlte ich mich auf dem Pfad, den ich gewählt hatte, unsicher. Sicherlich liebe ich es zu provozieren, aber vielleicht war ich dieses Mal zu weit gegangen. Leider ließ sich der Geist nicht wieder in die Flasche zurückstopfen, und ich war mir nicht sicher, ob ich mit dem, was ich in Gang gesetzt hatte, zurechtkommen würde.

Ich erinnerte mich an den Augenblick, als die beiden Polizisten auf dem Platz aufgetaucht waren. Als sie auf mich zukamen, spürte ich eine Art Macho-Überheblichkeit von ihnen ausgehen. Als Reaktion auf ihre aggressive Haltung erwachte die Amazone in mir und bereitete sich auf den Kampf mit ihnen vor. Unter normalen Umständen respektiere ich, ja bin ich sogar dankbar für die Anwesenheit der Polizei. Ich schätze es, dass sie den Frieden wahren und mich vor Gefahren beschützen. Doch dieses Mal verspürte ich nur das brennende Verlangen, einen Streit mit ihnen vom Zaun zu brechen. Die Provokation schien meine einzige Waffe zu sein, mein einziges Mittel des Selbstschutzes. Irgendeine mächtige *Bitch-Energie* sprudelte aus mir heraus und trieb mich dazu, mich ihrer maskulinen Stärke zu widersetzen.

Spontan begriff ich, dass es mir mühelos gelingen würde, den jungen Beamten vor seinem Vorgesetzten lächerlich zu machen. Und irgendwie war es genau das, was ich in diesem Augenblick tun musste. Ich musste ihn niedermachen, musste seine Macht beschneiden, ihn vor seinem Vorgesetzten wie einen Idioten aussehen lassen. *Armer Kleiner! Du hast gegen meine mächtige innere Bitch doch gar keine Chance!* Im

Namen aller Frauen dieser Welt musste ich diesen dummen kleinen Knallkopf entmannen. Um seinen Boss ins Bild zu setzen, fasste er die Situation der Woche zuvor zusammen. Ohne zu zögern, stellte ich erst einmal sein Erinnerungsvermögen infrage. Ich deutete an, dass er einige wichtige Details vergessen oder sogar wissentlich falsch dargestellt hatte. Ich merkte an, dass er letzte Woche gar nicht im Dienst gewesen sei und sich nicht ordnungsgemäß ausgewiesen hätte. Sein Boss hörte nur zu, während der junge Beamte mich der Lüge bezichtigte und sich immer lauter selbst verteidigte. Ich schikanierte ihn mittlerweile einfach so zum Spaß und ging damit wahrscheinlich zu weit, konnte aber nicht anders. Schließlich hörte ich damit auf. Seine immer größer werdende Wut und die damit einhergehende Gefahr physischer Eskalation ließen mich das Schwert sinken lassen. Zwei Polizeibeamte mit Schusswaffen am Gürtel konnten mir wirklich wehtun, wenn sie es wollten. Also hielt ich meine aufmüpfige Klappe und wartete schweigend auf den Einsatzwagen, der mich aufs Revier bringen sollte.

Nun, in der Ruhe der Nacht, spürte ich die Angst wie einen Knoten im Magen. Ich fragte mich, woher dieser provokative Geist gekommen war und wohin er mich führen würde. Es erschreckte mich, für mich selbst einzustehen, zu meiner eigenen Autorität zu werden und mir nicht von anderen Leuten sagen zu lassen, was ich zu tun hätte. Es machte mir Angst – gleichzeitig versetzte mich meine frühere Kühnheit in Ehrfurcht. Irgendwie mochte ich die verrückte Bitch-Göttin in mir! Mir wurde schmerzhaft bewusst, wie oft in den vergangenen Jahren ich mich ohnmächtig und von äußeren autoritären Kräften kontrolliert gefühlt hatte. Die beiden Polizeibeamten hatten mir Gelegenheit gegeben, mir meine Macht zurückzuholen und für mich selbst einzustehen. Ich hatte zwar Angst, ich war mir aber auch sicher, dass ich damit leben könnte und von ihr nicht aus den Angeln gehoben werden würde. Ich wusste, dass ich okay sein würde.

Am nächsten Tag schrieb ich einen Brief an den Zürcher Polizeipräsidenten, der zufällig eine Frau war.

Frau Stadträtin Esther Maurer, Polizeivorsteherin

Sehr geehrte Frau Maurer,
ich muss gestehen: Ich staunte am vergangenen Montag nicht schlecht, als Ihre Polizisten in Zivil vorfuhren und meinen Wäschekorb samt den gesammelten BHs in ihren Wagen luden – und mich mit auf den Posten nahmen. Dass eine Horde von vier männlichen Polizisten die mir von solidarischen Frauen gespendeten BHs beschlagnahmt und den von mir liebevoll gebauten Wäschekorb zerlegt und verladen hatten, empfand ich als unnötige machoide Geste.

Was habe ich denn bloß getan? Ich habe Frauen gebeten, mir ihre alten BHs zu bringen, und habe mich auf den Paradeplatz in Zürich gestellt, um diese entgegenzunehmen. Ihre Sprecherin ließ in den Medien verlauten, es handle sich um eine *illegale Werbeaktion* – und es bestehe dafür *kein öffentliches Interesse*.

Dem muss ich widersprechen: Ich bin eine Einzelperson, ich vertrete keine kommerzielle Institution, ich habe für nichts geworben. Mein BH-Spendensammelaufruf ist eine rein künstlerische Aktion. Das ORGASMOBILE, das ich aus den gespendeten BHs bauen werde, wird ein Gobelin der Weiblichkeit werden, ein Sinnbild für die weibliche Sexualität, mit der ich mich seit über 20 Jahren befasse. Und da immerhin 50 Prozent der Menschen in Zürich Frauen sind, sehe ich in der Thematisierung der weiblichen Sexualität sehr wohl ein öffentliches Interesse. Dass die Männer als Partner durchaus auch davon profitieren, sei nebenbei erwähnt.

Das einzige Anliegen, das ich vertrete, ist, dass Frauen lernen, sich in ihrem Körper wohlzufühlen. Dass sie sich trauen, ihrer Lust Ausdruck zu verleihen und Verantwortung für ihre eigene Sexualität übernehmen; jenseits von etwaigen gesellschaftlichen Rollenverständnissen.

Mein Anliegen ist Aufklärung auf einem Gebiet, das immer noch hauptsächlich auf Männer ausgerichtet ist: der Sexualität. Dass meine Auseinandersetzung mit diesem Thema polarisiert und – insbesondere die männlichen Mitbewohner dieses Planeten – vielleicht sogar für einen Moment verunsichert, gehört dazu.

Die Polarisierung ist jedoch nur Mittel zum Zweck. Ich bewirke dadurch, dass Frauen ihr durch die Gesellschaft vermitteltes Rollenbild kritisch hinterfragen und beginnen, Weiblichkeit als etwas zu verstehen, das von ihnen selbst individuell definiert und bestimmt wird. Und zur natürlichen Weiblichkeit gehört auch die Sexualität. Das Thema der lustvollen Frau geht in der traditionellen Frauenbewegung leider oft unter.

Letzten Montag kamen bereits um punkt 12 Uhr verschiedene Frauen jeden Alters, um mir ihre ausrangierten BHs zu bringen. Einige von ihnen brachten mir ihre BHs gar stapelweise.

Ich möchte Sie deshalb bitten, mir nachträglich eine Ausnahmebewilligung für meine BH-Sammelaktion auf dem Paradeplatz Zürich zu erteilen – und mir zu gestatten, dort am nächsten Montag, 30. März 2009, ein letztes Mal für eine Stunde BHs entgegennehmen zu dürfen, damit ich mein Wort halten kann.

Als langjährige Bewohnerin des ansonsten weltoffenen Zürich wünsche ich mir von Herzen, dass solche und ähnliche Aktionen von Kunstschaffenden möglich sind und bestenfalls sogar erwünscht. Ich denke, dass eine Portion verspielte Weiblichkeit unserer Stadt guttut. Insbesondere an einem Ort wie dem Paradeplatz, der für mich das von Testosteron getriebene Finanzsystem wie kein anderer verkörpert. Dass ich die Sammlung von weiblichen Utensilien genau dort lanciert habe, sehe ich als meinen bescheidenen Beitrag zur Finanzkrise.

Mit freundlichen Grüßen,
Maggie Tapert
Pleasure Activist

In allerletzter Sekunde, um 16 Uhr am Freitagnachmittag, bekam ich einen Anruf aus dem Sekretariat der Polizeivorsteherin. Sie informierte mich darüber, dass man mir die Erlaubnis schließlich doch erteilte und dass ich mir am Montagmorgen auf der Wache alle meine konfiszierten BHs abholen könne. Ich konnte es nicht fassen! Ich war geradezu euphorisch! Ich hatte gegen das System gekämpft – und gewonnen! Das ORGASMOBILE würde gebaut werden und die ganze wunderbare weibliche Energie all der starken und hilfreichen Frauen enthalten, die einen BH gespendet hatten. Hurra!

Als ich am Montag meine Sachen auf dem Revier abholte, war der Beamte, der mich festgenommen hatte, außergewöhnlich schlecht gelaunt und kleinlich. Er gab sich keine Mühe, seinen Ärger über mich und Frau Maurer zu verbergen. Seiner Meinung nach handelte es sich hier um eine Verschwörung mächtiger Frauen, die weder Recht und Gesetz noch seine Aufgabe, diese durchzusetzen, respektierten. Er ließ durchblicken, dass sich die Sache nur deshalb zu meinen Gunsten gewendet hätte, weil ich persönliche Beziehungen zu seinen Vorgesetzten pflegte. Nichts hätte der Wahrheit fernerliegen können. Das ORGASMOBILE-Projekt war schlicht und ergreifend eine Idee, deren Zeit gekommen war. Die Presse berichtete ständig darüber. Die Leute fanden es spannend und waren neugierig, was ich als Nächstes tun würde. Die Frauen wollten mehr über die weibliche Lust erfahren. Und der Stelle für Öffentlichkeitsarbeit des Zürcher Polizeipräsidiums wurde schließlich klar, dass ich nicht aufgeben würde, bevor ich nicht all die Aufmerksamkeit hatte, die ich brauchte, um Pleasure zu einem öffentlichen Thema zu machen. Plötzlich musste man mit mir rechnen.

Nun hatte ich zwar die Erlaubnis, am letzten Tag der Aktion BHs zu sammeln, die Folgen meiner Festnahme berührte das jedoch nicht. Sechs Wochen später bekam ich einen Gerichtsbescheid per Post: 850 Schweizer Franken oder fünf Tage im Gefängnis – damit sollte ich für mein Vergehen büßen!

Leider erlaubte es mir das Gericht schließlich nicht, meine Strafe im Gefängnis abzusitzen, und meine Enttäuschung darüber können Sie sich vorstellen. Ich hatte zahlreiche Anfragen von den Medien, die mich beim Prozess begleiten und über meine fünf Tage im Gefängnis berichten wollten. Doch leider war die Gefängnisstrafe nur dann eine Option, wäre ich nicht in der Lage gewesen, das Geld aufzubringen. Um ins Gefängnis zu kommen, hätte ich mich für bankrott erklären lassen müssen. Und natürlich war ich in der Lage, die Geldstrafe zu bezahlen. Ich hatte nur Lust auf das Abenteuer und die massive Publicity, die der Gefängnisaufenthalt mir gebracht hätte: *Sexpertin für das illegale Sammeln von BHs inhaftiert!* Wie cool wäre das gewesen! Doch schließlich beschloss ich, in Sachen Publicity etwas leiserzutreten, die Geldstrafe zu bezahlen und mich mit meinen Freunden endlich dem Bau des ORGASMOBILES zu widmen.

***

Zwei Monate später war es so weit: Wir konnten mit unserem fahrenden Tempel auf Reisen gehen. Das ORGASMOBILE konnte auseinandergenommen und im Kofferraum eines Kombis verstaut werden, mit dem wir dann zu Events in anderen Städten fuhren. In den darauffolgenden sechs Monaten ließen wir uns auf Festivals, Eröffnungsfeiern, öffentlichen Veranstaltungen und in Fernsehtalkshows blicken. Die sexy Nonnen waren ein so großer Erfolg, dass wir sie dauerhaft in unsere Straßenperformance einbauten. Und diese *Performance* entwickelte sich ganz organisch zu einem Gespräch mit den Männern und Frauen auf der Straße. Thema war immer Pleasure. Wohin wir auch kamen, die Frauen und Männer waren fasziniert und wollten neugierig wissen, was wir da taten, wollten alles über unseren süßen kleinen Wagen wissen. Ich ließ eine Postkarte drucken, die ich Passanten in die Hand drückte. Unsere Einführung in Pleasure:

Ladys! Ladys! Ladys!
Orgasmen kostenlos!
Keine Gebühr, keine Verpflichtung
Verheiratet oder Single
Alle Frauen herzlich willkommen
Orgasmen garantiert!
Wer Lust hat, steige ein …
SCHLIESSEN SIE SICH DER PLEASURE REVOLU-
TION AN!

Zu einer unserer lustigsten Performances kam es im
September während des Zürcher Filmfestivals. Es war
am Galaabend, an dem die Preise verliehen werden,
ein ausgesprochen wichtiges Ereignis in der Filmbran-
che. Wir stellten unser ORGASMOBILE unweit des
Haupteingangs des Kinos auf, in dem die Preisverlei-
hung stattfand. In einer ganz in der Nähe gelegenen
Apotheke bat ich mit einer 20-Meter-Kabeltrommel
unter dem Arm um Strom. Die Apothekerin war beschäftigt und stellte keine Fragen. Sie nickte nur und
deutete auf eine Steckdose an der Tür. Ich steckte den
Stecker hinein und rollte Meter um Meter Kabel bis
zu unserem ORGASMOBILE ab. Dann schloss ich
Maggie's Magic, den Supervibrator, an und legte ihn
auf ein rotes Samtkissen im Inneren des Wagens. Nun
war alles bereit. Das farbenprächtige Äußere hatten
wir mit Kerzen geschmückt, auch jede meiner Nonnen hielt eine Kerze in der Hand. Das Ganze sah aus
wie eine völlig durchgeknallte Weihnachtsfeier.
 Als die Gäste in ihren fantastischen Abendroben
und Smokings eintrafen, verteilte mein Team Flyer,
und ich rief wie ein Marktschreier: *Ladys! Treten Sie
näher! Genießen Sie einen Orgasmus vor dem Film! Gra-*

tis! Sie müssen nicht reservieren! Alle Frauen sind herzlich willkommen! Der schockierte und verwirrte Ausdruck auf den Gesichtern der Leute war einfach köstlich. Als meine Botschaft in ihr Bewusstsein drang, waren es meist die Männer, die stehen bleiben und sehen wollten, was da vor sich ging. Man muss nur *Orgasmus* sagen, und Männer sind immer interessiert. Doch die Frauen, die in ihren eleganten Kleidern, mit Make-up und High Heels die Straße entlangstöckelten, waren nicht so angetan. Sie waren eher an einem großen Auftritt vor den Festivalkameras interessiert. Das Dilemma konnte ich gut verstehen, ich nahm es ihnen nicht übel. Kurz darauf stöpselten wir das Kabel aus und zogen an einen besseren Standort.

In Zürich-Niederdorf war die Reaktion auf das ORGASMOBILE eine ganz andere. Wir postierten uns vor einem uralten Pornokino im ältesten Teil der Stadt. Die engen Gässchen sind für den Straßenverkehr gesperrt, weshalb es hier am Samstagabend bei schönem Wetter sehr relaxt zugeht, wenn die Leute über die Straßen bummeln. Sie kommen aus den Cafés und Bars, Arm in Arm, in einer fröhlichen, leicht alkoholgeschwängerten Stimmung. Wieder rief ich mein Angebot: *Gratisorgasmen!* Und die Leute hielten scharenweise an, um zu sehen, was da los war.

Viele Frauen sahen erst einmal aus sicherer Entfernung zu, bevor sie den Mut aufbrachten, sich uns zu nähern und mit uns zu sprechen. Wenn die Frau nach einer kurzen Unterhaltung Interesse zeigte, öffnete ich den Vorhang, zeigte ihr den Vibrator und ermunterte sie, ins Zelt zu steigen und ihn auszuprobieren. Es überraschte mich wirklich, wie oft die Frauen Ja sagten und hineinkletterten. Es war sehr aufregend, eine Frau, die den Vibrator benutzte, im Zelt zu haben, während mein Team und ich draußen mit anderen potenziellen Kundinnen oder mit Männern sprachen, die verstehen wollten, was wir da taten. In diesen Augenblicken war ich meinem Team sehr dankbar für die Fragen, die wir der Menge stellten, die sich um das Zelt versammelt hatte und darauf wartete, dass die Frau drinnen ihre Mission vollendete.

Da die Vibration von *Maggie's Magic* so heftig ist, muss man sich nicht erst ausziehen, um davon zu profitieren. Die Vibration bringt Sie auch durch ein dickes Paar Jeans zum Orgasmus. Die Frauen streiften lediglich die Schuhe ab, krabbelten vollständig angezogen in das ORGASMOBILE, zogen den Vorhang zu und ließen sich in die kuscheligen Kissen sinken. Zu meiner großen Überraschung sprangen einige Frauen fast augenblicklich, nachdem sie eingestiegen waren, wieder heraus. Schließlich wurde mir klar, warum: Als sie merkten, dass die Maschine sie wirklich anturnte, dass das Gefühl ein intensives sexuelles war und dass sie unweigerlich zum Höhepunkt kommen würden, bekamen sie Angst. Es war eine Sache, die Herausforderung anzunehmen und in meinen kleinen Wagen zu klettern. Es war etwas ganz anderes, loszulassen und einen Orgasmus zu haben. Ich machte den Frauen keinen Vorwurf. Ich bewunderte sie schon aufgrund ihres Mutes, überhaupt einzusteigen.

Wieder andere Frauen blieben sehr lange hinter dem geschlossenen Vorhang. Für uns draußen war es immer sehr spannend, darauf zu warten, welche Frauen ein *Happy End* genossen. Und die, die bis zum großartigen Ende blieben, kamen mit geröteten

Wangen und bis über beide Ohren grinsend wieder heraus und fragten uns, wo sie denn diese fantastische Maschine kaufen könnten. Hat eine Frau erst einmal einen solchen Höhepunkt erlebt, gibt es für sie kein Halten mehr. Doch war unser Orgasmusstraßentheater keine Vibratorverkaufsveranstaltung. Unsere Mission war es, Pleasure mit einem großen P zu vermitteln. Wir wollten die weibliche Bevölkerung aufklären, coachen und informieren. Wir waren auf der Suche nach gleichgesinnten *Pleasure Activists,* die uns auf unserem Marsch zur Förderung von Pleasure für alle begleiteten!

Eines Abends erlebten wir in der Zürcher Altstadt etwas ganz Besonderes und Unvergessliches mit unserem ORGASMOBILE. Eine Gruppe von Frauen, die einen Polterabend feierten, näherte sich uns ungewöhnlich still. Die wunderschöne blonde Braut war gehörlos, ebenso wie all ihre Freundinnen, die sie im Schlepptau hatte. Ein Dutzend gehörloser Schönheiten und eine Frau, die in Gebärdensprache übersetzte. Letztere kam auf uns zu und bat uns, ihr zu erklären, was in unserem hell erleuchteten, mit BHs bedeckten Pleasure-Palast vor sich ging.

Die Dolmetscherin stellte sich neben mich, um für die Frauen zu übersetzen. Eine solche Situation hatte ich noch nie erlebt. Natürlich hatte ich schon öffentlich über jedes nur denkbare erotische Thema gesprochen. Auch das ORGASMOBILE konnte ich problemlos erklären, ebenso wie das, was die Frauen erwartete, die sich trauten einzusteigen. Doch ich hatte mich noch nie an ein gehörloses Publikum gewendet. Als ich zu sprechen begann, stellte ich als Erstes fest, dass meine übliche Methode, Augenkontakt zu suchen, dieses Mal nicht funktionieren würde. Ich sprach langsam und artikulierte sorgfältig, doch niemand sah mich an. Sie sahen alle zu der Frau hinüber, die neben mir stand, mit den Händen gestikulierte und meine Worte in die Gebärdensprache übertrug. Es dauerte ein Weilchen, bis ich mich daran gewöhnt und begriffen hatte, dass die Frauen mich zwar nicht ansahen, aber dennoch ganz und gar eingenommen waren von dem, was ich sagte. Es war befremdlich, aber auch aufregend. Am interessantesten fand ich, wie sie das Wort *Orgasmus* übersetzte: Sie hob die Hände über den Kopf und machte eine explodierende Bewegung in der Luft. Das gefiel mir so sehr, dass ich das Wort ein paar Mal wiederholte, nur damit ich diese Vulkanbewegung noch einmal sehen konnte.

Am Ende meines kleinen Vortrags gab es zwischen den Frauen eine heiße Diskussion (in Gebärdensprache), in der sie die angemessene Reihenfolge zum Betreten des ORGASMOBILES festlegten: zuerst die Braut, dann die Trauzeugin, dann ihre Schwester und so weiter, bis alle in den Genuss eines Orgasmus gekommen waren. Die Übersetzerin stand neben mir, als sich die Braut am Eingang zum ORGASMOBILE setzte und die Schuhe auszog. Ich gab ihr noch Tipps, wie sie den Vibrator zu ihrem größtmöglichen Nutzen einsetzen könnte. Eine Frau nach der anderen zog sich ins ORGASMOBILE zurück, bis wir uns schließlich durch die ganze Hochzeitsgesellschaft gearbeitet hatten. Sie waren geradezu entzückt und umarmten mich herzlich, um mir ihre tief empfundene Anerkennung dafür zu zeigen, was ich für Frauen tat. Es war wahrscheinlich das schönste Hochzeitsgeschenk, das man der Braut nur machen konnte, und ich war glücklich, es ihr geben zu können.

Als die Gesellschaft fröhlich in die nächste Bar weitergezogen war, war es schon fast Mitternacht, und mein Team und ich waren durstig, müde und der Straße überdrüssig. Es war Zeit, unsere Performance zu beenden und das ORGASMOBILE nach Hause zu rollen. Wir waren alle glücklich erschöpft und stolz auf das Pleasure, das auf den Straßen niedergekommen war. Wir zogen unseren kleinen Pleasure-Palast den Hügel hinunter, aus der Altstadt hinaus und durch die dunklen Straßen in Richtung Heimat. Wir hatten das ORGASMOBILE von innen mit einigen LED-Lampen beleuchtet, und als wir uns allmählich aus dem Stadtzentrum entfernten und die Nacht uns umfing, sah sie einfach wunderschön aus, wie ein warmes, freundliches Zirkuszelt, dessen Dach aus all den BHs bestand, die uns unsere Co-Pleasure-Activists gespendet hatten. Unsere Kerzen waren schon längst verlöscht, das einzige Licht kam aus dem Inneren des Zeltes. Wir wurden ganz still; alles, was man hören konnte, waren das Klappern der Räder und das Stöhnen der hölzernen Gelenke. Ich war müde und zufrieden, voller Dankbarkeit für die Reise, die mein Team und ich unternommen hatten – vom ersten Februarmorgen an, als ich die Vision des ORGASMOBILES hatte, bis zu diesem Abend im späten September, als wir sie nach Hause zurückzogen.

Body Modification und ich

Beachte immer, dass nichts bleibt, wie es ist,
und denke daran, dass die Natur immer wieder
ihre Formen wechselt.

Marc Aurel

Vor Jahren war ich zu einer Fernsehtalkshow über Schönheitschirurgie eingeladen. Man diskutierte das Für und Wider, und wie ich zu meiner Schande gestehen muss, war ich damals auf der Wider-Seite und recht vehement in meiner Argumentation. Nicht aus Unwissenheit wie die meisten Leute, die ihre Meinung auf einen Artikel in einem Modemagazin gründen oder in einer Fernsehsendung einmal gesehen haben, wie man ein Silikon-Brustimplantat einsetzt. Wie sagt man so schön? Meinungen sind wie Arschlöcher – jeder hat eins. Nein, ich gründete meine Meinung auf eine sehr schlechte Erfahrung, die ich mit 50 mit meinem ersten Lifting gemacht hatte. Mein Chirurg hat's versaut, ich bekam einen

Bluterguss und sah auf der einen Seite meines Gesichts fast einen Monat lang so aus, als sei ich vom Lastwagen überfahren worden. Damals war ich stinksauer. Mein Gesicht heilte zwar schließlich, meine Seele allerdings brauchte viel länger, um sich davon zu erholen.

Ich machte damals eine schwere Zeit durch, war hasserfüllt und verbiestert und gab den Männern die Schuld, sogar meinem mitfühlenden, verständnisvollen, leidgeprüften Ehemann. Ich verabscheute die von Männern festgelegten Schönheitsstandards, denen ich mich unterworfen und nach denen ich mich geformt hatte. Ich versuchte zu ergründen, was *in Würde altern* für mich bedeutete. Allmählich war mir vieles egal, und ich kümmerte mich mehr und mehr um meine Enkel, um das Haus und den Rosengarten. Make-up legte ich keins mehr auf, ich nahm zu und ließ mein Haar ergrauen als ultimative Rache an der Welt der Mode und Schönheit, in der ich mich nicht mehr heimisch fühlte. An meinem Gesicht herumschneiden zu lassen, war ein Fehler gewesen, den ich nie wieder machen würde! In einem landesweit ausgestrahlten Fernsehinterview stellte ich mich doch tatsächlich hin und ließ die Welt wissen, dass Schönheitschirurgie nur etwas für Frauen sei, die immer noch Männern in den Arsch kriechen. Rückblickend lache ich darüber, wie verletzt, selbstgerecht und unversöhnlich ich damals war.

Jetzt, gute zehn Jahre später, lehne ich mich in dem makellos weißen Sessel in der makellos weißen Praxis meines vertrauenswürdigsten Arztes zurück, der eine makellos weiße Jeans und ein ebensolches T-Shirt trägt. Die Beleuchtung ist perfekt (und natürlich sehr schmeichelhaft), im Hintergrund läuft leise Musik. Das heitere Ambiente der Praxis wirkt von vornherein jeder Verwirrung oder Sorge entgegen; ich fühle mich gut dabei, etwas für mein Aussehen zu tun. Ich habe eine Einverständniserklärung unterschrieben, und nach einer Spritze werden meine Lippen wieder so voll sein, wie sie noch zu Teenagerzeiten waren. Was mir vor zehn Jahren wie ein Verbrechen gegen die Würde aller Frauen vorkam, erscheint mir nun absolut angemessen. Warum sollten meine Lippen nicht sexy sein, wenn ich das so will und es mir leisten kann?

Doktor Dan (wir sprechen uns mit Vornamen an) kennt eine Menge Geheimnisse. Er behauptet, die Schweiz habe den größten Pro-Kopf-Verbrauch an Botox auf der ganzen Welt. Er beschäftigt sich schon eine Weile mit dem, was heute als kosmetische Medizin bezeichnet wird, und ist ausgesprochen erfahren darin. Ich mag ihn sehr. Er ist knapp über 40 und hat mit ein paar Kollegen von der Uni eine sehr erfolgreiche Botoxambulanz im nobelsten Teil der Stadt eröffnet. Ich war im vergangenen Jahr schon ein paar Mal bei ihm, um mir die tiefen Falten auf der Stirn wegmachen zu lassen. Vor sechs Monaten hatte ich mein zweites Lifting bei einem anderen Arzt, einem kosmetischen Chirurgen machen lassen; ich ließ die Kieferlinie, den Hals und den unteren Teil des Gesichts straffen. Leider waren die Falten auf der Stirn auch nach der OP noch da gewesen; immer, wenn ich in den Spiegel sah, konnte ich nichts anderes sehen als diese tiefen Einkerbungen über meinen Augenbrauen. Das ärgerte mich. Ein Jahr lang hatte ich mir das schlaffe Fleisch um mein Kinn herum angesehen.

Jetzt war ich von meiner Stirn besessen. Also machte ich einen Termin bei Dr. Dan aus.

Jedes Mal, wenn ich in diesem weißen Behandlungsstuhl sitze, der sanften Musik lausche und ruhig auf die nächste Verschönerung in den fähigen Händen des jungen Dr. Dan warte, muss ich an meine Mutter denken. Sie war eine wahre Schönheit, störte sich im Laufe ihres Lebens jedoch immer mehr an ihren Falten. Mehr als über sie jammern tat sie jedoch nicht. Als gute Katholikin, die sie nun einmal war, hatte sie diese Märtyrerattitüde: *Jeder hat sein Kreuz zu tragen.* In ihren 40ern und 50ern hatte sie mit meinem Dad immer den ganzen Sommer lang Golf gespielt, und die zahllosen Stunden in der Sonne hatten allmählich ihren Tribut gefordert. Wer hatte damals schon eine Ahnung von Sonnenschutz? Später bereute sie es, so sorglos gewesen zu sein, doch leider entdeckten all die hellhäutigen Sportfanatiker zu spät, dass uns die UV-Strahlung Lichtschäden, Altersflecken, Hautkrebs und jede Menge Falten beschert.

Meine Mutter war das typische Produkt der Weltwirtschaftskrisenjahre in den USA und machte sich bis zum Tag ihres Todes Sorgen um Geld. Zu ihrer Lebensphilosophie des Spar-dein-Geld-fürs-Alter gehörte es auch, möglichst billige Kosmetik zu verwenden. Nicht, weil sie sich nichts Besseres hätte leisten können, sondern aufgrund ihres Standpunkts: *Mit Geld geht man nicht leichtsinnig um!* Wie oft haben wir uns über das Kosten-Nutzen-Verhältnis von Nivea versus Dior gestritten! Ich für meinen Teil kaufte immer die teuersten, wertvollsten und als am nützlichsten angepriesenen Produkte, die glatte Haut bis ins hohe Alter versprachen. Sie dagegen war ihr Leben lang

Nivea treu – und zwar der klassischen Niveacreme, der dicken, zähflüssigen, schweren in der nostalgischen blauen Metalldose. Ich sehe sie heute noch vor mir, wie sie sich auch in ihren späteren Jahren das Gesicht mit einem eingeseiften Waschlappen wäscht und schrubbt und schrubbt und schrubbt, als käme sie gerade aus einem Bergwerk. Dann gibt sie einen großen Klecks der klebrigen weißen Masse darauf. Ihre Haut war immer sauber und weich, aber sehr, sehr fettig und zugleich immer faltiger.

In ihren 60ern sprach sie plötzlich vom Lifting. Natürlich nahmen wir sie nicht ernst, und sie hat es tatsächlich auch nie machen lassen. Ebenso wenig wie irgendeine andere kosmetisch-chirurgische Maßnahme. Jahr für Jahr hing ihre weiche, gut durchfeuchtete Haut tiefer von diesen erstaunlich hohen, an Catherine Hepburn erinnernden Wangenknochen herab. Wenn sie ein Foto von sich auf einer Familienfeier sah, entfuhr ihr immer ein *Oh, mein Gott!* Dann sah sie, wie sehr sie gealtert war, wie tief die Falten inzwischen waren, doch sie schrubbte und cremte, schrubbte und cremte. Meine Mutter war sehr schön und sehnte sich nach der straffen Haut, die sie in ihrer Jugend gehabt hatte. Doch anscheinend hatte sie irgendwann in ihrem Leben beschlossen, dass eine OP ihr zu drastisch war, zu teuer, zu beängstigend oder alles zusammen.

Wenn ich also in diesem großen weißen Stuhl sitze und mich vor den Spritzen in mein Gesicht zu entspannen versuche, denke ich immer an sie und stelle mir vor, wie sie das, was ich da tue, zugleich neidisch und missbilligend betrachtet hätte. Noch heute sehe ich ihre Lippen in hohem Alter vor mir: Je älter sie wurde, desto dünner wurden sie, bis sie in ihren späten 80ern fast völlig verschwunden waren. Wohin zum Teufel verschwinden die Lippen alter Damen? Ich sehe sie immer noch in ihrem Rollstuhl im Altenheim vor mir, wo sie die letzten Jahre ihres Lebens verbrachte. Sie trug immer eine Schicht korallenfarbenen Revlon-Lippenstift auf, bevor ich sie zum Mittagessen in den Speisesaal schob. Dafür brauchte sie noch nicht einmal mehr einen Spiegel. Sie fuhr mit dem Stift einfach ein paar Mal über die Stelle, an der ihre Lippen einst gewesen waren.

Was mir Dr. Dan spritzen wird, damit meine Lippen zu ihrer früheren vollen Pracht zurückkehren, ist Hyaluronsäure. Sie gilt als beste und am besten absorbierbare Substanz, die derzeit für kosmetische Zwecke auf dem Markt ist. Meine Lippen sind nicht wie die meiner Mutter verschwunden, doch erheblich dünner geworden, und auf der Oberlippe zwischen Mund und Nase sind winzige Fältchen zu sehen. Wenn ich nichts tue, wird es immer schlimmer werden, das weiß ich. Warum ich mir über das Aussehen meiner Lippen so viele Gedanken mache? Über das Aussehen meines ganzen Gesichts? Warum gebe ich so viel Geld dafür aus und nehme so viele Unannehmlichkeiten in Kauf? Ich habe alle Meinungen dazu gehört, ebenso wie die Diskussion über die Würde des Alterns. Kein Interview mit jemandem über 60 ist vollständig ohne eine beschönigende Aussage über die Konfrontation mit und die Effekte des Alterns. Doch ich habe nicht nur die Erfahrung gemacht, wie es sich anfühlt, wenn die Lippen langsam verschwinden, sondern auch, wie es sich anfühlt, wenn man als Frau langsam unsichtbar wird.

In der Zeit, in der ich mich ganz *natürlich* gab – mein Haar war kurz und grau, meine Füße steckten in Gesundheitstretern, meine Kleidergröße nahm proportional zum Alter zu –, erfuhr ich, was es bedeutet, unsichtbar zu werden. Ein seltsames Gefühl, die Straße entlangzugehen und dabei das Gefühl zu haben, dass man nicht mehr existiert. Niemand sieht dich. Niemand sieht in deine Richtung. Niemand nimmt Augenkontakt auf. *Ich bin ganz allein im Universum.*

Für eine Frau wie mich – extrovertiert bis zum Exhibitionismus und von der Fähigkeit abhängig, mich mit den Menschen um mich herum zu verbinden – ist dieser Prozess des Verschwindens katastrophal. Das Leben ist ein Spiel, und ich wollte nicht des Spielfelds verwiesen werden. In meinem Inneren fühlte ich mich alterslos, voller Leben. Nur die äußere Hülle zeigte Abnutzungserscheinungen. Ich war immer noch ich, sogar ein besseres Ich, stärker, weiser, bewusster, präsenter, mit mehr Sex-Appeal; doch da das Äußere verschwand, verschrumpelte, verschliss, schien das Innere irrelevant zu werden. Ich hatte das Gefühl, nicht mehr der menschlichen Rasse anzugehören. In einer anderen Zeit hätte man mich vermutlich auf einer Eisscholle ausgesetzt, damit ich einen anständigen Tod sterbe – und damit der Rest des Stamms mehr zu essen hat. Sich unsichtbar zu fühlen, ist ein Scheißgefühl.

Nach meinem ersten Lifting hatte ich mir zwar geschworen, so etwas nie wieder machen zu lassen, doch zog die Schwerkraft unerbittlich gen Süden. Zehn Jahre nach der ersten desaströsen OP hing die Haut wieder herab und formte ein Doppelkinn mit Hamsterbacken. Ich konnte an keinem Spiegel vorbeigehen, ohne an der Haut vor meinen Ohren zu ziehen. Das ärgerte mich dermaßen, dass ich begann, über ein zweites Lifting nachzudenken. Inzwischen färbte ich mir wieder die Haare, ich hatte abgenommen und meine Garderobe auf den neuesten Stand gebracht – aber verdammt, mit der schlaffen Haut und den hängenden Augenlidern sah ich aus wie ein alter Jagdhund!

Ich übte mich darin, mehr zu lächeln, denn ein lächelndes Gesicht lenkt von der schlaffen Haut ab. Bei jeder Gesichtsbehandlung diskutierte ich mit meiner Kosmetikerin Sascha darüber, ob ich ein zweites Lifting vornehmen lassen sollte oder nicht. Ich machte einen Termin bei einem höchst renommierten Chirurgen aus, sagte diesen dann jedoch wieder ab, weil ich einfach zu viel Angst vor einer weiteren verpfuschten OP hatte. Als ich ein Jahr später immer noch mit mir rang, sagte Sascha: *Hör mal, triff eine Entscheidung. Lass das Lifting machen oder vergiss es und fahr mit deinem Leben fort.* Liebste Sascha, ich danke dir für diese schlichte Weisheit! Innerhalb einer Woche hatte ich einen Termin für die OP. Dieses Mal lief alles reibungslos, drei Wochen später war alles verheilt, und ich ging wieder meinem normalen Tagesablauf nach. Als ich zur Arbeit zurückkam, dachten alle, ich hätte einen wirklich entspannenden Urlaub gemacht. Eine Kollegin hatte sogar den Verdacht, dass die Veränderung einer neuen Liebe geschuldet sei.

Verstehen Sie mich bitte nicht falsch. Ein Lifting verändert nicht alles. Ich wurde bereits regelmäßig flachgelegt, und auch im Beruf lief es schon vor der OP gut. Ich wollte nur gut aussehen und mich gut fühlen. Das wollte ich schon immer. Mein Aussehen ist Teil dessen, was ich bin. Und wenn ich dabei ein gutes Gefühl habe, habe ich auch mehr Selbstvertrauen, bin offensiver, mehr dazu bereit, das zu tun, was ich wirklich will, mit Männern zu flirten und beruflichen Erfolg zu haben. Vielleicht bilde ich mir das nur ein, doch ich fühle mich stärker und selbstsicherer, wenn ich gut aussehe, wenn ich den Eindruck habe, dass das Äußere dem Inneren entspricht. Und ich liebe Schönheit – sei es in der Einrichtung meiner Wohnung, in der Kleidung, die ich trage, in dem Essen, das ich koche, oder in dem Gesicht, das ich der Welt zeige. Ich weiß, dass einige Menschen darauf keinen Wert legen, ich tue das schon. Schönheit ist mir wichtig.

Body Modification, die Veränderung des menschlichen Körpers, ist seit Anbeginn der Zeit Teil der menschlichen Kultur. Den menschlichen Körper zu tätowieren, zu beschneiden, ihn zu markieren, zu piercen, ihn zu dehnen und anderweitig zu verändern – beispielsweise durch das Einbinden der Füße – ist ein Spiegel dessen, was die Gesellschaft im Laufe der Zeit wechselweise als schön wahrgenommen hat. Die Menschen, die sich strikt gegen solche Veränderungen aussprechen oder über diejenigen urteilen, die sie vornehmen lassen, sollten vielleicht einen Augenblick innehalten und über ihre eingeschränkte Sichtweise nachdenken. Vor Kurzem fragte mich eine Freundin, warum ich das Lifting hätte machen lassen – sie wertete nicht, sie war nur neugierig. Darüber habe ich selbst lange nachgedacht, und meine Meinung hat sich im Laufe der Zeit erheblich geändert. Ich glaube, ich habe ein Anrecht darauf, für mich selbst entscheiden zu dürfen, was für mich stimmig ist und was nicht. Dahinter steht meine ganz persönliche Auffassung von Ästhetik, die auch bestimmt, welche Kleider ich kaufe oder welche Lippenstiftfarbe ich wähle. Ebenso entscheide ich mich auch für eine bestimmte Art des kosmetischen Eingriffs. Das hat nichts mit Moral zu tun. Die Entscheidung betrifft die Gestalt, die ich meinem Leben gebe, und mit dieser Entscheidung bin ich glücklich.

Dr. Dan ist groß, schlank und gut gebaut – ein sehr attraktiver Mann. Seine Haut schimmert in einem wunderschönen dunkelbeigen Ton, der seine asiatisch-afroamerikanischen Wurzeln verrät. Seine Lippen sind voll und ebenmäßig. Die großen Augen haben einen leichten asiatischen Einschlag. Das eng anliegende weiße T-Shirt betont seinen gut trainierten Oberkörper, ohne vulgär zu wirken. Er ist einfach perfekt, wie alles andere an diesem Ort. Letzte Woche hatte ich meine zweite Botoxbehandlung wegen der Falten auf der Stirn, heute arbeiten wir an meinen Lippen. Wir plaudern über dies und das, bevor er sich die Gummihandschuhe überstreift. Ich höre es klappern, während er in dem kleinen Arbeitsbereich hinter dem großen weißen Behandlungsstuhl Fläschchen öffnet und Spritzen vorbereitet. Sogar das ist perfekt geplant: Ich kann nicht sehen, was er da hinten tut. Ich warte nur aufgeregt und stelle fest, dass meine Handflächen warm und feucht sind.

Aus den Augenwinkeln sehe ich, wie er sich mit der Kanüle nähert. Ich schließe die Augen. Er erklärt mir, dass das Mittel, das auch Zahnärzte benutzen, meine Lippen betäuben wird. Er spritzt es mir an zwei Stellen in den Gaumen über meinen Zähnen und in zwei Stellen am unteren Gaumen. Das Gefühl ist das gleiche wie beim Zahnarzt – eine Scheißnervosität –, doch glücklicherweise piekst es nur einmal kurz, dann ist es vorbei. Ich halte die Augen fest geschlossen, ein paar Minuten später spüre ich nur noch Taubheit vom Kinn bis zur Nasenspitze. Sogar meine Zunge ist betäubt.

Als sich der Bereich gänzlich taub anfühlt, beginnt Dr. Dan mit der Injektion der Hyaluronsäure. Ich spüre den Druck der Nadel, doch es tut nicht eigentlich weh. Es ist nur seltsam unangenehm. Er klingelt nach der Assistentin, die ihm eine zweite Spritze bringen soll. Anscheinend nehmen meine Lippen eine ungewöhnlich große Menge der Substanz auf, sie sind ausgetrockneter, als er vermutet hatte. Er zieht die Spritze hinter meinem Rücken auf und fährt dann mit meiner Unterlippe fort. Ich öffne die Augen nicht. Zweifel durchzucken mein Gehirn wie Blitze bei einem Sommergewitter. Vielleicht bin ich ja doch zu weit gegangen! Vielleicht habe ich das Schicksal schon viel zu lange herausgefordert! Vielleicht werde ich wie eine dieser grotesken Katzenfrauen mit den Schlauchbootlippen aussehen, die man in Sendungen über verpfuschte Schönheits-OPs immer sieht. Doch bevor ich es mich versehe, sind wir auch schon fertig. Dr. Dan schüttelt mir die Hand, führt mich ins Wartezimmer und verabschiedet sich von mir. Ich verbringe den Nachmittag auf der Couch und sehe mir alte Filme an. Um die Schwellung möglichst gering zu halten, drücke ich mir unablässig Icepacks auf die Lippen.

Am nächsten Morgen kriege ich beim Blick in den Spiegel einen mächtigen Schrecken. Meine Lippen sind über Nacht angeschwollen. Zu beiden Seiten meiner Oberlippe prangt ein tiefblau-violetter Fleck. Meine Unterlippe ist rechts etwas größer als links. Ich beschließe, zu Hause zu bleiben, bis die Schwellung abgeklungen ist. Am nächsten Tag sind meine Lippen schon wieder deutlich schmaler, die Unterlippe ist allerdings immer noch uneben und rechts mehr geschwollen als links.

Ein weiterer Besuch bei Dr. Dan sollte nötig werden, bevor die Unebenheit der Unterlippe ausgeglichen ist, was bei dieser Art von Behandlung allerdings ganz normal ist. Die kosmetische Medizin ist keine exakte Wissenschaft, weshalb der Körper darauf ruhig hin und wieder überraschend reagieren darf. Bislang bin ich mit den Ergebnissen sehr zufrieden und lasse die Behandlung erneut durchführen, wenn meine Lippen wieder einmal verschwinden sollten. Warum zum Teufel auch nicht?

Irgendwann in meinem Leben erschien es mir angemessen, mir ein Tattoo stechen zu lassen. Irgendwann anders war das Genitalpiercing das Abenteuer, das ich ausprobieren musste. Die Eingriffe haben damals einfach zu mir und dazu, wie ich mich ausdrücken wollte, gepasst. Heute, viele Jahre später, ist es für mich stimmig, mir das Gesicht straffen zu lassen. Daraus will ich auch gar kein Geheimnis machen. Ich versuche gar nicht erst, so zu tun, als ob Gott mich so geschaffen hätte. Wenn mir jemand sagt, wie gut ich für mein Alter aussehe, gebe ich immer zurück: *Danke! Ich habe einen wirklich guten Chirurgen.* Die meisten Leute glauben, das sei ein Scherz. Aber es ist keiner.

Kink and Porn

Wir müssen unser Dasein so weit, als es irgend geht, annehmen; alles, auch das Unerhörte, muß darin möglich sein. Das ist im Grunde der einzige Mut, den man von uns verlangt: mutig zu sein zu dem Seltsamsten [...], das uns begegnen kann.

Rainer Maria Rilke

Neulich bekam ich eine E-Mail von Annie Sprinkle, die nicht nur meine Freundin, sondern auch Expornstar, Autorin, radikale Aufklärerin und Pleasure-Aktivistin ist. Nach ihren Auftritten in über 100 heißen, als nicht jugendfrei klassifizierten Sexfilmen war sie eine der Ersten, die neue Genres der Pornografie entwickelten, darunter feministische Porns und Aufklärungsporns. Mittlerweile hat Annie die Welt des Sex vor der Kamera hinter sich gelassen und sich einen Namen als Performancekünstlerin gemacht. Sie ist der erste Pornstar mit Doktortitel. Vor zehn Jahren zog sie mit ihrem weiblichen Lover in San Francisco zusammen; heute bezeichnet sie sich selbst als *ökosexuell*.

Sie schrieb mir, dass eine ihrer Freundinnen, die kalifornische Filmemacherin Cheryl Dunye, einen *feministischen Queer-Pornfilm* vorbereitete. Gedreht werden sollte in Berlin, und gemeinsam mit ihren deutschen Produzenten war Cheryl gerade dabei, die Hauptrollen zu besetzen. Annie dachte, ich sei perfekt für eine der Hauptrollen, und spornte mich an, mit Cheryl Kontakt aufzunehmen, wenn ich meiner langen Liste an Tätigkeiten noch *Filmstar* hinzufügen wollte.

Mit der Pornindustrie hatte ich nie etwas zu tun gehabt, und ich hatte auch keine Ahnung, was *feministischer Queer-Porn* sein könnte. Auch als Schauspielerin hatte ich keinerlei Erfahrung. Doch damals war ich gerade in einer Phase, in der ich zu allem Ja sagte, das auch nur im Entferntesten nach Abenteuer, Sex und/oder Spaß roch. Und dieses Projekt roch definitiv nach Hochspannungsabenteuer, und so hoffte ich, eine Rolle ergattern zu können. Außer mir standen noch einige erfahrene Porndarsteller aus den USA in der engeren Auswahl, doch passte bei ihnen die Zeitplanung nicht, weshalb ich nach langem Hin-und-her-Mailen die Rolle schließlich bekam. Ich sollte die Mommy in dem Film mit dem Titel MOMMY IS COMING spielen.

Darüber hinaus suchte Cheryl nach einem Mädchen, das Mommys Tochter spielen sollte – am besten natürlich eines, das mir ein bisschen ähnlich sah. Also vermittelte ich ihr den Kontakt zu meiner Freundin und einstigen Schülerin Lil. Wir trugen unser Haar immer noch beide kurz und blond, dazu große, schwarzrandige Brillen vor den blauen Augen, und wir liebten beide alles Sexuelle. Sie wäre die perfekte Tochter, insbesondere da wir die Rollen ja schon auf mehreren Fetischpartys geprobt hatten. Zu meiner großen Freude wurde Lil ebenfalls besetzt.

Ich hatte in meinem Leben schon viele exotische sexuelle Situationen erlebt, doch nichts hatte mich auf die Welt, die ich betrat, als die Dreharbeiten in Berlin begannen, vorbereitet. Ich dachte mir schon, dass an der Produktion ein paar schräge Vögel beteiligt sein würden, aber mit einer solchen Menagerie an Schauspielern, Komparsen, Produzenten, Darstellern und kreativen Helfern hatte ich nicht gerechnet. Zum ersten Mal betrat ich eine *Queer*-Welt, in der ich als ältere, heterosexuelle weiße Frau die Außenseiterin war, diejenige, die scheinbar nicht dazupasste.

Vor vierzig Jahren bezeichnete man mit *Queer* einen homosexuellen Mann. Als Teenager hatte ich so gut wie keinen persönlichen Kontakt zu Schwulen, ich hatte lediglich von ihnen gehört. Das Wort *Queer* benutzte man nur flüsternd hinter dem Rücken des Betroffenen; es war eine beleidigende Beschreibung dessen, was sich die meisten Leute damals unter einem Schwulen vorstellten: einen gefährlich unmoralischen Perversen. Niemals hätte ein *Queer* in die hygienisch saubere, *normale* Gesellschaft, in die ich hineingeboren wurde, gepasst. Die Queers lebten an der Küste, in San Francisco oder New York, weit weg von der fest geschnürten, prüden Vorstadtwelt, in der ich aufwuchs. Einen bekennenden Schwulen traf ich erst mit 17 in New York. Und selbst damals machte man noch Witze über sie. Sie waren einfach anders als der Rest der sogenannten *normalen* Leute.

Daran hatte sich anscheinend einiges geändert, wie mir klar wurde, als ich am ersten Tag der Vorproduktion von MOMMY in Berlin eintraf. Im Jargon der jüngeren Generation hatte das Wort Queer eine völlig andere Bedeutung angenommen – und auch einen völlig anderen Beigeschmack. Heute ist Queer eine Ehrenbezeichnung; sie bezieht sich auf hippe Individuen, deren erotische Identität und sexueller Ausdruck weit von den vorhersagbaren Klischees des Establishment entfernt sind. Das sexuelle Verhalten dieser Gruppe ist nicht von dem Bedürfnis nach gesellschaftlicher, religiöser oder politischer Anerkennung geprägt. Queers lassen sich in keine Schubladen stecken, sie akzeptieren es nicht, von den sexuell orthodoxen, verklemmten Leuten definiert, beurteilt oder gar verurteilt zu werden. Queers ziehen ihr eigenes Ding durch, wie es ihnen passt, und sie genießen die Früchte ihrer Freiheit, indem sie ihre Individualität und sexuelle Kreativität feiern.

In der ganzen Produktion gab es außer mir keinen einzigen anderen Heterosexuellen. Die rund dreißig Leute im Team – Kostümbildner, Visagisten, Dialogue Coaches, Cutter, Produzenten, Beleuchter und das Kamerateam – bezeichneten sich alle als queer. Cheryl, eine afroamerikanische Lesbe, hatte sich für ihre Crew bei allen Farben des Regenbogens bedient: Schwarze, Latinos, Asiaten, Schwule, Lesben, Bisexuelle, Transgenders. Es war schon eine Herausforderung, in dieser multikulturellen Gruppe von Queers die Quotenweiße zu sein!

Doch mein Außenseiter-weiße-Frau-Minderheiten-Status sollte sich in den kommenden zehn Tagen ändern. Ich war im Begriff, mich von einer weiteren veralteten Vorstellung meiner eigenen sexuellen Identität zu verabschieden. Ich stand kurz vor der Erkenntnis, dass *queer* tatsächlich die perfekte Bezeichnung für meine persönliche verschrobene, nicht kategorisierbare sexuelle Orientierung war. Ich war auch queer, wusste es bloß noch nicht.

Als ich am Freitagmorgen ankam, wurde ich am Flughafen von einem Chauffeur empfangen, der mich umgehend zu einer Kostümprobe und meiner ersten Probe mit anderen Mitgliedern der Crew fuhr. Letztere stammte aus allen Teilen der Welt. Es waren Freunde und Kollegen von Cheryl und Jürgen Brünig, dem in Berlin ansässigen Produzenten des Films. Das Loft, in dem unser erstes Treffen stattfand, war bis zum Bersten mit geschäftigen Leuten, Stapeln von Kostümen, Ton- und Kameraausrüstung sowie einigen Sofas und Stühlen angefüllt. In der Mitte des Raums stand ein langer Tisch. Darum saß ein halbes Dutzend Leute, die an Computern arbeiteten, Kaffee tranken und Drehbücher überflogen. Während die Crew damit beschäftigt war, sich um die technischen Dinge zu kümmern, Ausrüstungen zu organisieren und mit Drehplänen zu kämpfen, versammelten sich die Hauptdarsteller und die Dialogue Coaches, um zum ersten Mal gemeinsam das Drehbuch zu lesen.

Während dieser Lesung wurde mir plötzlich klar, dass meine Augen vielleicht größer gewesen waren als mein Magen. Seit der Grundschule hatte niemand mehr von mir verlangt, etwas auswendig zu lernen – und das war schon eine Weile her. Heute kann ich mich kaum an meine eigene Telefonnummer erinnern. Und vor mir lagen Seiten um Seiten von Dialogen, die ich vor Probenbeginn einer Szene auswendig können sollte. Improvisation stand nicht auf dem Programm. Professionelle Schauspieler kennen ihren Text, damit sie sich ganz auf das Entwickeln der Rolle konzentrieren und ihrer Figur Tiefe und Intensität verleihen können. Leider muss ich gestehen, dass ich es in den ganzen zehn Tagen nie zu diesem sehr wünschenswerten Grad an Professionalität gebracht habe. Auch nur ein paar Zeilen Dialog aufs Stichwort herauszubringen, war für mich schon eine enorme Leistung. Man brachte mir diesbezüglich zwar ein paar Tricks bei, doch erwies sich mein armes Gedächtnis als viel größere Herausforderung als die anstehenden Sexszenen.

In MOMMY IS COMING geht es um eine junge Frau, die zu Hause aus- und in eine große Stadt zieht, sich dort verliebt und einem unerwarteten Abenteuer begegnet, das ihr ganzes Leben verändert. Der Titel ist doppeldeutig. Zum einen kommt Mommy in die Stadt, um nach ihrer süßen, abenteuerlustigen Tochter zu sehen und sicherzustellen, dass es ihr gut geht. Zum anderen kommt es dort zu zahlreichen seltsamen Verwechslungen, sodass Mommy schließlich mit dem Transgender-Lover ihrer Tochter im Bett landet. Gemeinsam haben sie heißen und feuchten Sex – und tatsächlich kommt Mommy!

Der erste Drehtag fand in einem trendigen unterirdischen Nachtclub statt, der an einen Kerker erinnerte. In diesen Szenen kam ich nicht vor, ging aber trotzdem hin, um mir alles anzusehen und mich hinter den Kulissen als hilfreich zu erweisen. Als ich die steilen Stufen zum Hauptraum des Clubs hinunterstieg, war ich überrascht von all der Aktivität um mich herum. Obwohl es erst früh am Vormittag war, war der Raum mit Leuten und Ausrüstung vollgestopft. Die Beleuchter und Kameramänner bauten ihre Sachen auf, die rund fünfzig Komparsen liefen umher und warteten auf ihr Stichwort. Zwei der Komparsen waren mit mir befreundet, der Rest bestand aus einer seltsamen Ansammlung queer Berliner Party People. Sie hatten ihre exotischsten Latex- und Lederoutfits mitgebracht, in denen sie die Tanzszenen im Nachtclub spielten.

Der Club bestand aus mehreren einzelnen Räumen. Einer der größeren wurde gerade für die erste Szene hergerichtet, ein anderer diente als Umkleideraum und Kantine, in der sich die Schauspieler entspannen konnten. Es gab für jeden jede Menge gutes Essen und Getränke. Die Leute liefen umher, trafen sich, sahen sich die Kostüme an oder warteten einfach nur. Rasch lernte ich, dass man beim Film pünktlich zu sein hat und dann in vollem Kostüm und Make-up stundenlang herumsitzt und auf den Beginn seiner Szene wartet.

Lil und ich hingen mit den Komparsen rum, lernten neue Leute kennen, plauderten und warteten, warteten, warteten. Dabei fiel mir eine Gruppe recht tough aussehender Individuen auf, die an der Bar beieinanderstanden. Offensichtlich handelte es sich um Trans-Männer, die alle ausgesprochen maskulin wirkende Lederjeans und -jacken trugen. Eine von ihnen hatte noch eine Lederkappe auf, aus ihrer / seiner Weste ragten muskulöse nackte Arme. Eine andere hatte eine dunkle Gesichtsbehaarung. Lil und ich beobachteten die Gruppe ein paar Minuten lang aus der Entfernung. Dann gingen wir zu ihnen hinüber und stellten uns vor. *Hi, ich bin Mommy,* sagte ich, *und das ist mein kleines Mädchen Lil.* Ganz mühelos schlüpften Lil und ich in die Rollen, die wir auf unseren Fetischpartys perfektioniert hatten. Die Hauptdarstellerinnen des Films zu sein, verlieh uns ein Selbstvertrauen, das wir sonst vielleicht nicht aufgebracht hätten.

Die Leute, die wir da vor uns hatten, waren Frauen, die sich als Männer fühlten. Keine Transsexuellen im klassischen Sinn: Sie nahmen keine Hormone und hatten sich auch nicht umoperieren lassen. Sie zogen sich einfach nur wie Männer an, verhielten sich wie Männer und identifizierten sich als solche. Sie waren queer. Der Anführer der Gruppe hieß Carrie. Carrie *gibt nicht vor,* ein Mann zu sein. Er benimmt sich nur so, wie es sich für ihn am natürlichsten und bequemsten anfühlt, und zieht es vor, mit dem männlichen Pronomen *er* adressiert zu werden.

Carrie hatte für den Film die ganze Spielausrüstung zur Verfügung gestellt. Er gehört zu den führenden Herstellern von Kink-Lederspielzeug in Nordamerika und tauchte mit einer beeindruckenden Sammlung von Lederharnesses, Dildos, Peitschen und Lederausrüstung für den anspruchsvollen Spieler am Set auf. Außerdem war er Komparse in der Clubszene. Anschließend schlenderten Lil und ich weiter durch den Raum, stellten uns allen vor und sahen uns die Kostüme und Outfits an.

Eine Stunde später hingen wir immer noch rum und hatten nichts zu tun. Die Crew kämpfte immer noch mit dem Licht und den Kameraeinstellungen. Das schien sich einfach endlos hinzuziehen. Wir langweilten uns. In ein paar Tagen sollten Lil und ich laut Drehplan gemeinsam eine Szene mit einem Strap-on-Dildo drehen. Dabei würde eines von Carries wunderschön gearbeiteten Geschirren zum Einsatz kommen. Um die Zeit etwas kreativer zu verbringen, baten wir Carrie darum, uns den sachgemäßen Gebrauch eines

Strap-ons zu zeigen. Um ehrlich zu sein, wandten wir unsere subtilste Verführungstechnik an. Wir sagten: *Carrie, fickst du uns?* Und zu meiner großen Freude willigte Carrie ohne zu zögern ein. Im Raum hinter den Kulissen tummelten sich jede Menge Komparsen, also suchten wir uns ein Eckchen, in dem wir etwas Platz für unseren privaten Nachhilfeunterricht hatten. Wir einigten uns auf den hinteren Teil des Raums, in dem eine Betonbank mit einem Sitz aus schwarzem Lederimitat stand. Die war zwar weder einladend noch sauber noch bequem, aber das Einzige, das wir auftreiben konnten. Der Raum war überfüllt. Wir schoben die Mäntel und Taschen beiseite, die sich auf der Bank stapelten, und legten los.

Carrie trug schwere schwarze Stiefel, ein eng anliegendes schwarzes T-Shirt und schwarze Lederchaps, wie sie Cowboys und manche Schwule gern anziehen. Die Chaps bedecken die Beine, lassen Schritt und Hintern aber frei. Außerdem trug er einen Strapon in genau der richtigen Größe und sah mir wortlos zu, als ich aus meinem Höschen schlüpfte. Ich hüpfte auf die Bank und ging in den Vierfüßlerstand. Mein Hintern zeigte in seine Richtung; ich wartete. Im ganzen Raum liefen Leute herum oder saßen auf Bänken und Stühlen. Einige beobachteten uns, andere ignorierten uns einfach und fuhren mit ihrer Unterhaltung fort. Carrie legte eine Hand auf meinen Arsch und wandte sich an Lil. Er erklärte ihr, wie man korrekt mit einem Strap-on fickt. Durch die vielen Nebengeräusche konnte ich ihn nicht besonders gut verstehen, aber das war auch egal. Ich war schließlich nur das Loch, in das der Strap-on-Dildo hineingeschoben werden würde.

Ich war mir meines nackten Arschs, der in den Raum hineinragte, nur allzu bewusst und spürte das beruhigende Gewicht von Carries Hand dort. Durch meine exhibitionistischen Neigungen bin ich in der Lage, gelegentlich so etwas zu tun. Und wenn ich solche Dinge von zweifelhaftem Geschmack tue, entspanne ich mich plötzlich ungeheuer. Ich verbiete dem Kritiker in mir den Mund und begegne der Erfahrung ohne Wertung. Doch spüre ich in solchen Augenblicken auch ein winziges bisschen Scham. Und Angst. Kann ich mich wirklich so ungeheuerlich betragen? Ist das wirklich in Ordnung? Bin ich wieder einmal zu viel? Meine Bedenken halten mich nicht von dem, was ich tue, ab, lassen mich aber einen Moment innehalten. Und dieses Mal war das, was ich tat, wirklich aufregend – ja, *böse* – und sehr, sehr spannend. Ich hatte Carrie fragen können, ob er mich fickt, er hatte Ja sagen können, und jetzt wartete ich darauf, dass er den Job erledigte. Das alles war so sauber und unkompliziert. Ich wünschte, das Leben könnte immer so sein.

Ich spähte hinter mich und sah, wie Carrie, der ganz nah an meinem Arsch stand, sich ein Paar schwarze Latexhandschuhe anzog. Lil drückte ihm einen Klecks Gleitmittel in eine Hand. *Bereit?* fragte er sanft. Ich nickte und spürte das Gleitmittel kühl und feucht auf meiner Vulva. Ich entspannte mich, und Carrie bewegte sich und streichelte mich auf die angenehmste Art, kräftig und fest, so, wie ich es mag. Er machte weiter, und ich entspannte mich immer mehr. Er streichelte meinen Kitzler, steckte dann seine Finger in meine Vagina und zog sie wieder heraus. Es fühlte sich sehr feucht, sehr natürlich und sehr gut an. Hin und wieder entfuhr mir ein Luststöhnen. Ich konnte einfach nicht anders. Er nahm noch ein paar Finger hinzu und fuhr fort. Er weiß, was Mädels wollen, und gab es mir – nicht zu viel, nicht zu wenig. Meine Möse schwoll an und hieß seine Finger willkommen. Dabei sprach er mit Lil und gab ihr Tipps; er turnte mich gewaltig an, vergaß aber nie, dass er hier Unterricht gab.

Ich war ganz bei der Sache und vergaß alles außer dem wunderbaren Gefühl zwischen meinen Beinen. Plötzlich zog Carrie vorsichtig seine Finger heraus, und ich spürte die kühle Spitze seines Schwanzes, die einen Moment auf meiner Vulva ruhte. Wie jeder feste, kräftige Schwanz, der weiß, was er tut, presste er langsam in meine Vagina, bis diese ihn vollständig aufgenommen hatte. Carrie stand einen Augenblick ganz still da und ließ meiner Möse Zeit, sich zu weiten und sich an das Gefühl der Fülle zu gewöhnen. Ich schloss die Augen und atmete tief ein. Das Gefühl war so intensiv, dass ich fast geschrien hätte. Er zog den Schwanz wieder etwas heraus und fing langsam an zu pumpen; damit war auch der letzte Widerstand in mir ausgelöscht. Ich schrie laut auf und ejakulierte. Die heiße und nasse Flüssigkeit schoss auf das schwarze Plastik, während Carrie weiterpumpte, rein und raus aus meinem glitschigen nassen Loch. Ich hatte mich nicht mehr unter Kontrolle und schrie vor Lust. Im Raum um uns herum wurde es still, Carrie machte immer weiter.

Als er den Schwanz schließlich ganz herauszog, war ich nass von Schweiß, Gleitmittel und Ejakulat, das meine Beine herunterrann und auf dem schwarzen Plastik unter mir eine Pfütze bildete. Jemand brachte freundlicherweise eine Küchenrolle, um die Sauerei zu beseitigen. Ich stand auf und versuchte, mein Gleichgewicht wiederzuerlangen, doch ich hatte ziemlich weiche Knie. Nun war Lil an der Reihe.

Es versteht sich von selbst, dass Lil und ich von da an verrückt nach Carrie waren. Nach dem Unterricht verabredeten wir uns für weitere Spiele am nächsten Tag. Wir konnten es kaum erwarten, wieder unartig mit ihm zu sein. Doch dazu sollte es nicht kommen. Während wir uns vergnügten, hatten sich andere Schauspieler beim Produktionsteam über uns beschwert. Was wir für ein angemessenes Verhalten am Set eines Pornfilms gehalten hatten, stellte sich als alles andere als das heraus. Als wir Carrie am nächsten Tag wiedertrafen, erzählte er uns, dass man ihn gebeten hätte, damit aufzuhören, andere Schauspieler zu ficken. Lil und ich waren das erste Mal dabei, und was wir für ein aufregendes erotisches Spiel hielten, einen guten Pausenfüller und genau das Richtige, um in Stimmung für einen Pornfilm zu kommen, war für alle anderen ausgesprochen nervig. Das war hier schließlich keine Party, auch wenn es uns so vorkam. Wir hatten keine Wahl. Wir beendeten unser Spiel und konzentrierten uns fortan darauf, still zu sitzen und unseren Text auswendig zu lernen.

Das Axel-Hotel ist ein Schwulenmekka in Berlin. Da mehrere der zentralen Szenen des Films in einem Hotel spielen, hatten wir das Glück, in diesem eleganten Designerhotel drehen zu dürfen. Laut Drehbuch trifft Mommy in Berlin ein, geht in dieses Hotel und fühlt sich unerwarteterweise von dem Mann an der Rezeption angezogen. Sie hat allerdings keine Ahnung, dass er der Lover ihrer Tochter ist. Mommy lädt ihn auf ein paar Drinks in der Bar ein, verführt ihn und geht mit ihm zu einem kleinen Tête-à-Tête aufs Zimmer.

Filme werden nie in chronologischer Reihenfolge der Szenen gedreht. Das Produktionsteam muss beim Drehplan unzählige Aspekte berücksichtigen – die Location, die Verfügbarkeit der Schauspieler, das Wetter, ob es eine Tag- oder Nachtszene ist und eine Million anderer technischer und persönlicher Umstände. Aus diesem Grund wurde meine große Sexszene auch an meinem allerersten Drehtag angesetzt. Ich war höllisch nervös, doch Cheryl sagte mir immer wieder: *Mach dir keine Sorgen. Das wirst du großartig machen.* Da war ich mir nicht so sicher, vor allem bei der Sexszene mit einem fast völlig Fremden, bei der nicht nur die Kamera, sondern auch ein ganzes Team zusah.

Die männliche Hauptrolle spielte Ignacio, ein Latino-Trans-Mann aus New York mit rasiertem Kopf, jeder Menge Tattoos und jeder Menge Erfahrung mit Queer-Porn. Er war sehr professionell und wusste nicht nur, wie man vor einer Kamera auftritt, sondern auch, wie man einer Frau Lust bereitet. Leider waren Lil und ich Ignacio auf Anhieb unsympathisch. Das sagte er uns zwar nicht direkt, doch wir konnten seine Abneigung und ständig präsente Abweisung spüren. Er verhielt sich uns gegenüber immer völlig korrekt, ließ aber durchblicken, dass magere weiße Schlampen wie wir ihn absolut nicht anturnten. Tja, da konnte man nichts machen – außer schauspielern. Was wir da vor der Kamera taten, war nichts Persönliches. Wir spielten unsere Rollen, so gut wir konnten, und dabei war unser persönlicher Geschmack vollkommen irrelevant.

Zuschauer, die sich einen Film ansehen, können sich nur schwer vorstellen, wie es hinter den Kulissen zugeht. In meiner ersten Szene in diesem winzigen Hotelzimmer mit dem riesigen Bett in der Mitte war die ganze Crew versammelt: Beleuchter, Kameramänner, Bühnenbildner, für die Continuity Zuständige, Maske, Kostümbildner und ein halbes Dutzend Assistenten. Im Raum ist es durch die Scheinwerfer fast unerträglich heiß, die Fenster sind geschlossen und mit schwarzen Tüchern verhängt, um das natürliche Licht und den Straßenlärm auszuschließen. Wir warten und warten, während endlose Anpassungen technischer Natur vorgenommen werden, bevor wir die erste Einstellung durchgehen können. Die Crew presst sich an die Wand, um außer Sichtweite der Kamera zu sein, Ignacio und ich stehen neben dem Bett und folgen Cheryls Instruktionen. Sie erzählt uns, wie wir den ersten Teil der Szene spielen sollen. Wir sind immer noch vollständig angezogen, Ignacio soll mich küssen, ein paar Worte zu mir sagen, meine Jacke aufknöpfen und mir aus dem Rock helfen. Dann soll er mich in meiner sexy schwarzen Unterwäsche sanft zum Bett führen. Die Kamera läuft, wir wiederholen die Sequenz und küssen uns immer wieder, während die Szene aus verschiedenen Blickwinkeln gefilmt wird. Zwischen den Aufnahmen richtet die Frau von der Maske mein Haar, pudert mir das Gesicht und zieht meinen Lippenstift nach.

Es fühlt sich an, als ob ich eine Rolle spielte. Und das tue ich ja auch. Es gibt keine Emotionen zwischen uns – weder negative noch positive. Wir spielen für die Kamera, und das scheint auch zu funktionieren. Ist die Kamera aus, sagt Ignacio nichts zu mir, wendet sich ab und wartet auf die nächste Einstellung. Schließlich ist die Beleuchtung so, wie die Regisseurin sie haben will, und Ignacio und ich krabbeln aufs Bett. Die Bühnenbildnerin hat hellgrüne Laken dafür gekauft, die auf der Leinwand offensichtlich besser aussehen als die üblichen weißen aus dem Hotel. Wir versuchen, sie nicht allzu sehr durcheinanderzubringen, damit die Einstellung perfekt ist. Die Crew nimmt ihre technischen Positionen ein, jemand richtet einen sehr hellen Scheinwerfer auf uns, und der Tontechniker hält ein Mikrofon an einer Stange über unsere Köpfe. Im Raum wird es still. Ich habe mein Höschen ausgezogen, Ignacio kniet auf dem Bett zwischen meinen Beinen. Cheryl ruft *Action!* Die Kamera läuft, und wie verabredet drehen sie die ganze Szene in einem Rutsch durch.

Ignacio sieht mich an, während er seine Finger fachmännisch in ein Paar schwarze Latexhandschuhe arbeitet. Queers – insbesondere die, die als Frauen zur Welt kamen – praktizieren immer Safer Sex. Mit unbekannten Partnern werden niemals Körperflüssigkeiten ausgetauscht. Zwar wurden alle Hauptdarsteller unmittelbar vor Drehbeginn auf Aids und andere sexuell übertragbare Krankheiten getestet, dennoch ist Safer Sex ein Muss. Und es versteht sich von selbst, dass in einem feministischen Queer-Pornfilm durchgehend Safer Sex gezeigt wird. Ohne Latexhandschuhe geht gar nichts.

Laut Drehbuch soll Mommy in dieser Szene vaginal gefisted werden, und seit einem Monat denke ich fieberhaft darüber nach, wie das funktionieren soll. Theoretisch weiß ich, dass eine Faust in meine Möse passt. Doch bis jetzt hatte ich noch nie das Vergnügen. Ich sage mir: Wenn der Kopf eines Kindes da unten durchgeht, warum dann nicht auch eine Faust in die andere Richtung?

Das Wort *Fisting* klingt so gewalttätig. Doch tatsächlich mag es die Möse, zumindest meine, wenn sie sehr weit gedehnt wird. Wichtig bei dieser Praxis ist allerdings, dass die Person, die das Fisting vornimmt, *sehr* langsam vorgeht und Unmengen von Gleitmittel benutzt. Zu Ignacios Ehrenrettung muss ich sagen, dass er wirklich weiß, was er tut. Er unterrichtet die Technik sogar in seiner Queer-Community in New York. Ich lehne mich zurück und entspanne mich, während die Kamera sich neben mir bereit macht. Ich versuche, die Leute im Raum zu ignorieren und mich auf das Gefühl zwischen meinen Beinen zu konzentrieren. Das Gefühl wird stärker und stärker, während er einen Finger nach dem anderen hineinsteckt und dabei immer wieder meinen Kitzler streichelt, damit ich bei der Lust bleibe. Ich atme schwer und gestatte es meiner Möse, sich zu entspannen und zu empfangen. Ich sage mir: Wird schon schiefgehen.

Beim vaginalen Fisting kommt unweigerlich der Moment, in dem das Gelenk zwischen Fingern und Handfläche durch die Öffnung in die Vagina dringen muss. Und Mädels, lasst euch sagen: Da ist nicht viel Platz. Ich bin mit meiner ganzen Konzentration da unten zwischen meinen Beinen. Ich atme weiter und spüre und lasse los. Ich habe schon Bilder von einer ganzen Hand in einer Vagina gesehen, weiß also, dass es funktioniert. Doch dafür braucht es definitiv Geduld und Vertrauen. Ich spüre die Intensität der Finger tief im Inneren meiner geweiteten Möse, doch in der Zeit, die uns zur Verfügung steht, kommt

Ignacio nicht über dieses Gelenk hinaus. Er pumpt und streichelt, was sich eng und erregend anfühlt. Ab und zu greift er nach der Flasche Gleitmittel und gibt eine großzügige Portion auf die Stelle, an der seine behandschuhte Hand und meine Möse sich treffen. Ich hänge an dieser Hand, die sich in meiner Möse bewegt, verloren in Zeit und Raum. Die Leute um uns herum nehme ich nur vage wahr.

Ignacio ist ganz bei der Sache, nimmt sanft eins meiner Beine und hebt es an. Wie durch Zauberei öffnet sich etwas in mir. Ich spüre das vertraute heiße und nasse Gefühl, als die Flüssigkeit aus mir heraus, über meinen Hintern und auf das Laken unten mir schießt. Wie bei Carrie vor ein paar Tagen ejakuliere ich unkontrolliert. Ein Schrei entringt sich meiner Kehle, als ich von der Intensität des Orgasmus überrollt werde. Dann werde ich mir plötzlich wieder der Kamera und der ganzen Leute im Raum bewusst. Lächelnd zieht Ignacio seine Hand raus, der Kameramann kommt ganz nah heran. Die Kamera fährt über meinen Körper und bleibt zwischen meinen Beinen stehen, um eine Nahaufnahme der Flüssigkeit auf meinen heißen und nassen Hintern und des großen Flecks, der sich auf dem jungfräulichen Laken ausbreitet, zu machen. Plötzlich ist es mir peinlich, dass ich das Laken beschmutzt habe; außerdem bin ich erstaunt, dass ich tatsächlich einen Orgasmus mit Ejakulation hatte. So etwas läuft völlig unwillkürlich ab – es passiert oder eben nicht. Meist passiert es, wenn man es gar nicht erwartet.

Cheryl ruft: *Cut!* Die Szene ist vorbei. Ignacio steht ohne ein Wort vom Bett auf und geht, um sich die Hände zu waschen. Die Beleuchter schalten die heißen Scheinwerfer aus, öffnen eins der Fenster, um Luft in den Raum zu lassen, die anderen Mitglieder der Crew laufen herum und bereiten die nächste Szene vor. Ich liege auf dem nassen Fleck auf dem Bett und sehe dem Treiben um mich herum zu. Meine Möse pocht, und mich durchströmt plötzlich eine weiche, undefinierbare Traurigkeit, eine Art Einsamkeit; ich möchte weinen. Nach einem Moment ist das Gefühl vorüber, ich springe vom Bett und mache dem Team für die nächste Szene Platz.

Die Produktion zog sich über die nächsten zehn Tage hin, wobei uns der eng gestrickte Zeitplan meist bis spät in die Nacht auf den Beinen hielt. Es gibt immer zu viele Szenen und zu wenig Zeit. Lil musste mit einer viel größeren Rolle als ich zurechtkommen. Eigentlich geht es in dem Film um sie, ich war nur die Mommy, die alles durcheinanderbringt. Sie hatte einige Hardcoreszenen mit verschiedenen Queer-Pornstars, musste also jeden Tag drehen. Ich hatte nur zwei wirkliche Sexszenen. Den Rest der Zeit verbrachte ich mit dem Drehen verschiedener Einstellungen, die die Story unterstützten und mir echtes Schauspielern abverlangten.

Eine besondere Herausforderung war die Szene, die wir in einer alten Villa auf dem Land in der Nähe von Berlin drehten. Das sollte der Familiensitz sein. Laut Drehbuch hatte mein Ehemann, der von dem zauberhaften Wieland Speck gespielt wurde, jegliches Interesse daran verloren, mich zu ficken. Er war immer irgendwo unterwegs und kam mit anderen Partnern auf dumme Gedanken. In dieser speziellen Szene versuche ich als gute Ehefrau, ein Gespräch mit ihm über sein Desinteresse und den bevorstehenden Zusammenbruch unserer Ehe zu führen. Das gelingt mir nicht, er rennt aus dem Haus. Dann sollte ich ganz traurig sein, was mit Nahaufnahmen aus verschiedenen Blickwinkeln gefilmt werden sollte.

Während das Kamerateam damit beschäftigt war, Entfernungen zu messen und die Lichtverhältnisse zu prüfen, tat ich etwas, das professionelle Schauspieler wahrscheinlich die ganze Zeit über tun. Um in die benötigte Emotion zu kommen, spürte ich der Traurigkeit nach, die ich empfunden hatte, als meine eigene Ehe in die Brüche gegangen war. Das war lange her, doch als ich die Emotionen abrief, waren sie immer noch intakt und so schmerzhaft wie damals. Mir schossen die Tränen in die Augen, die Energie der Traurigkeit übermannte meinen Geist. Ich saß da und steuerte ganz bewusst diesen so vertrauten Ort der Traurigkeit an; ich ließ das Gefühl zu, ohne mich von ihm überrollen zu lassen.

Es war eine ganz erstaunliche Erfahrung für mich, das Gefühl der Traurigkeit aufzurufen, festzuhalten und es für die Szene zu nutzen. Als die Kamera bereit war und Cheryl *Action!* rief, ließ ich los. Mein Gesicht verzog sich, die Tränen liefen mir über die Wange. Ich war tieftraurig, und das fühlte sich ganz real an. Ich hielt an diesem emotionalen Zustand fest, bis wir mit der Einstellung durch waren. Dann versuchte ich, den Prozess umzukehren – es war allerdings etwas schwieriger, den Kummer wieder zu verscheuchen.

Mir wurde klar, dass all diese Emotionen irgendwo im System gespeichert bleiben. Vielleicht für immer. Und dass ich die Macht habe auszuwählen, welche Emotion nützlich ist und welche nicht, wann ich es mir gestatten kann, ganz mit der emotionalen Erfahrung zu verschmelzen, und wann ich sie gehen lassen kann. Nach der Szene war ich noch eine Zeit lang traurig und fühlte mich emotional ausgelaugt. Dann ging ich zur nächsten Szene über.

Die Dreharbeiten waren fast vorbei, nur eine einzige Szene war noch übrig, für die wir wieder das Zimmer im Axel-Hotel reserviert hatten. Es war die kritische letzte Szene des Films, die auf mehreren Ebenen funktionieren musste. Sie musste humorvoll, schnell und zugleich sexy sein. In den letzten zwei Wochen hatten wir zwölf bis vierzehn Stunden am Tag gedreht. Schauspieler und Crew waren gleichermaßen erschöpft, aber alle wild entschlossen, diese letzte Szene so heiß und lustig wie möglich zu machen. Dabei waren Konzentration, schauspielerisches Talent und ein gerüttelt Maß an saftigem Sex gefragt.

Ohne das Ende vorwegzunehmen, kann ich sagen, dass man mir die Augen verband und ich mich in einer sehr kompromittierenden Position auf allen vieren wiederfand, darauf wartend, von hinten genommen zu werden. Mommy wartet also in dieser schutzlosen Position auf ihren Lover Ignacio. Doch wie in einer anständigen Verwechslungskomödie taucht plötzlich jemand anders auf und erledigt den Job an Ignacios statt. Und da Mommy ja eine Augenbinde trägt, merkt sie erst hinterher, wer sie da penetriert hat.

Das war eine der schwierigsten Szenen von allen, und nicht aus dem Grund, den man vielleicht vermuten würde. Zum ersten Mal wurde mir grausam klar, was es bedeutet, einen Pornfilm zu drehen. Keiner von uns fand es auch nur im Geringsten geil, was wir da taten, und trotzdem mussten wir die Szene wieder und wieder spielen und dabei den Dialog und die Handlung zum Leben erwecken. Ich war erschöpft und wollte nur, dass es endlich vorbei war. Doch war die Szene technisch ausgesprochen schwierig, und jedes Mal sollten wir wieder spontan und begeistert sein. Jedes Mal, wenn ich mir die Augenbinde abnahm, verschmierte ich mein Make-up, immer und immer wieder musste ich neu geschminkt werden. Ich wusste nicht, wie ich auf der Leinwand aussah. In der Szene sollte es zwar relativ dunkel im Zimmer sein, aber dennoch machte ich mir Gedanken darüber, wie mein Körper in dieser wenig schmeichelhaften Position wirken würde. Ich trug ein enges schwarzes Korsett, das hoffentlich meinen schlaffer werdenden Bauch verdeckte. In dieser unbequemen Position hing alles irgendwie runter. Ich versuchte die Bauchmuskeln an- und gleichzeitig meinen Beckenboden zu entspannen – ein Ding der Unmöglichkeit. Inzwischen bettelten auch meine Ellenbogen und Knie um Erlösung. Ich fühlte mich ziemlich mies, musste für die Kamera jedoch meinen Charme anknipsen, während wir Stunde um Stunde versuchten, die Szene in den Kasten zu bekommen.

Als Cheryl schließlich *Cut!* rief, endete die Produktion unseres feministischen Queer-Pornfilms. Trotz unserer Erschöpfung gingen wir an diesem Abend alle zur Abschlussparty in der Lieblingskaraokebar des Produzenten. Dabei floss eine Menge Wodka, und die, die in den letzten zehn Tagen hinter der Kamera stoisch den Mund gehalten hatten, erwachten zum Leben und trugen einige tolle Lieder mit großem Enthusiasmus vor. Nun wurden ich und die anderen Hauptdarsteller zum Publikum, das nichts tat außer lachen und begeistert Beifall klatschen. Am nächsten Morgen flog ich aus Berlin in mein ruhiges Leben in der Schweiz zurück. Ich habe den fertigen Film noch nicht gesehen, Cheryl sitzt immer noch am Schnitt in Los Angeles. Irgendwann wird er zum ersten Mal auf der Leinwand zu sehen sein, und ich warte mit Spannung und Schrecken darauf, wie meine Möse in Großaufnahme aussehen wird. Ich finde es toll, die Chance gehabt zu haben, bei einer Pornproduktion mitzumachen. Doch um ganz ehrlich zu sein, habe ich auch kein Problem damit, mich nach meiner kurzen, aber knackigen Karriere als ältester Queer-Pornstar der Welt zur Ruhe zu setzen.

Begegnung mit der Liebe

Liebe ist nicht Atemlosigkeit, nicht Begeis-
terung, nicht das heiße Versprechen ewiger
Leidenschaft [...]. Das alles ist nur das Ver-
liebtsein, was jeder Dummkopf zuwege bringt.
Liebe an sich ist das, was übrigbleibt, wenn
die Verliebtheit verglimmt ist [...].

Louis de Bernières

Zweifelsohne ist Liebe das ultimative Pleasure. Einen anderen Menschen zu lieben und zurückge-liebt zu werden, ist vielleicht der göttlichste Seinszu-stand, den wir auf dieser Welt je werden genießen dürfen. Die Liebe inspiriert Dichter, Schriftsteller und Künstler auf der ganzen Welt. Sie ist sowohl gänzlich irdisch als auch vollkommen überirdisch. Die Liebe zieht uns aus unserem Alltag und verbindet uns mit etwas, das größer ist als wir. Die Liebe ist das Heileli-xier, das uns unsere schmerzhaftesten Wunden ver-geben und vergessen lässt. Sie zeigt uns den Weg zu einer höheren und komplexeren Ebene des Seins. Die Liebe in ihren unzähligen Formen erfüllt uns mit Hoffnung und der Bestätigung, dass wir mehr sind

221

als bloße Biologie. Die Fülle der Umarmung der Liebe macht das Leben zu einer Feier voller Pleasure. Ein Leben ohne Liebe ist ein sehr trauriges Leben.

Vor Jahrhunderten fragte der Barde William Shakespeare: *Was ist Liebe?* Dieser Frage folgen Philosophen und Wissenschaftler bis heute, noch haben sie eine Antwort darauf nicht gefunden. Sie forschen, spekulieren und analysieren und hoffen darauf, den Rest von uns zu erleuchten. Die Wissenschaftlerin Helen Fisher stellt in ihrem jüngsten Buch, *WHY WE LOVE – the Nature and Chemistry of Romantic Love,* die These auf, dass Liebe durch die jahrmillionenlange Evolution in unser Gehirn programmiert sei. Liebe sei keine Emotion, behauptet sie, Liebe sei ein Trieb, ebenso mächtig wie der Hunger.

Ich habe die mehr als sechzig Jahre meines Lebens als Liebende verbracht. Dabei habe ich festgestellt, dass sich meine *Fähigkeit* zu lieben mit der Zeit verändert hat; je älter ich werde und je mehr ich in der Wahrheit dessen verankert bin, was ich bin, desto mehr hat sich meine Fähigkeit zu lieben vertieft. Wen ich liebe und wie ich diese Liebe ausdrücke, unterscheidet sich sehr davon, wie dies mit 20 oder sogar noch mit 50 der Fall war. In den letzten Jahren ist es mir endlich gelungen, mich aus den engen Grenzen der monogamen Beziehung zu befreien und meinen Status als Single willkommen zu heißen; mein Verständnis von romantischer Liebe hat sich radikal verändert. Ich habe gelernt, auf eine neue Art und Weise zu lieben – eine Art und Weise, die das ehrt, was ich als reife Single-Frau geworden bin. Den Großteil der Programmierung durch meine Mutter und die Mutter meiner Mutter habe ich hinter mir gelassen. Und ich höre nicht auf, mich zu fragen: *Ist es möglich, tief zu lieben und dennoch frei zu sein?*

Im Laufe meines Lebens habe ich mich viele Male ver- und entliebt. Auf der rein körperlichen Ebene scheint es dafür einen gemeinsamen Nenner zu geben: die Berührung im Innersten meines Herzens, ein flaues Gefühl im Magen, das Pochen in meiner Möse. Doch auf der seelischen Ebene findet bei jeder neuen Begegnung etwas ganz Einzigartiges und Mysteriöses statt. Aus irgendeinem Grund sagt mein Herz *Ja* zu jemandem, und in mir öffnet sich alles weit. Dann beginnt das wahre Abenteuer. Vor vierzig Jahren öffnete ich mich dem Mann, der die richtigen genetischen Informationen in sich trug, um mir gesunde, kluge und wunderschöne Kinder zu schenken. Nun, da meine fruchtbaren Jahre lange hinter mir liegen, öffne ich mich der Liebe vielleicht aufgrund des Aussehens oder der Berührung eines schönen Wesens. Ich öffne mich vielleicht aufgrund einer tiefen Spiritualität oder einer unwiderstehlichen Eleganz oder eines auffällig starken Geistes. Ich öffne mich vielleicht durch ein zufälliges Treffen mit einem Mitreisenden auf meiner Lebensreise, mit dem ich nie und nimmer gerechnet hätte. Wenn es um romantische Liebe geht – wer könnte da sagen, wann oder warum wir lieben? Dieses Mysterium werden die Wissenschaftler wahrscheinlich nie enträtseln.

Ich erinnere mich an die *junge* Liebe – neu, unschuldig, zart –, die mich in eine verwirrende Mischung aus emotionaler Sehnsucht und intensiver sexueller Begierde warf. Ich erinnere mich an den ersten Kuss, das Gefühl in meinem Körper, als seine Lippen zärtlich meine berührten. Als ob jemand ein brennendes

Streichholz an sehr trockenes Holz hielt. Ich stand sofort in Flammen. Ich erlebte ein Verlangen, das ich in diesen jungen Jahren weder verstehen noch deuten konnte.

Er hieß James, und wir küssten uns zum ersten Mal im Sommer des Jahres, in dem ich 13 wurde. Es war am 4. Juli, am amerikanischen Unabhängigkeitstag, und wie es in den USA üblich ist, veranstaltete der Country Club, in dem meine Eltern Mitglieder waren, nach Einbruch der Dunkelheit ein Feuerwerk. James hatte mich gebeten, ihn zu begleiten und das Feuerwerk mit ihm gemeinsam anzusehen. Er war der erste Junge, der mir wirklich Aufmerksamkeit schenkte. Er war der erste Junge, der mich um ein Date bat. Wir nahmen eine Decke und einen Picknickkorb mit und ließen uns am frühen Abend auf dem Golfplatz unter einer großen Eiche nieder. Ich war schüchtern, fand es aber aufregend, mit ihm allein zu sein. Obwohl ich durch meine vier älteren Brüder daran gewöhnt war, unter Jungs zu sein – ich wusste, wie sie rochen, wie sie redeten, wie sie sich gegenseitig schubsten und allerhand anderen Unsinn trieben –, war es mit James etwas ganz anderes. Ich war unglaublich unsicher und hatte Angst, etwas falsch zu machen oder etwas Dummes zu sagen. Und doch war ich überglücklich, mit ihm allein zu sein.

Als es dunkel war und um uns herum die Feuerwerkskörper krachten, rückte er auf der Decke näher an mich heran, so nah, dass sich unsere Körper an der Hüfte berührten. Diese Nähe jagte mir einen wohligen Schauer über den Rücken, machte mir aber auch so viel Angst, dass ich immer geradeaus auf das Feuerwerk starrte. Als sich die Anspannung in meinem Körper zu legen begann, nahm er mein Kinn in seine Hand, zog mein Gesicht an seines heran und küsste sanft meine Lippen. Ich wich ihm nicht aus. Ich ließ ihn mich küssen. Noch heute kann ich mich an den Geruch seines Mundes auf meinem erinnern: Jungsgeruch mit etwas *Old Spice*-Rasierwasser und einem Hauch Pfefferminzkaugummi. Die Nähe seines harten, muskulösen Körpers erregte und ängstigte mich – er war so ganz anders als meiner. Nach ein paar Sekunden fühlte ich, wie seine Zunge vorsichtig nach einer Öffnung tastete. Dann drückte er mich sanft auf die Decke zurück, und seine Zunge füllte meinen Mund ganz aus. Ich spürte das ganze Gewicht seines Körpers auf meinem und leistete keinerlei Widerstand.

Mein Herz klopfte so laut, dass ich mir sicher war, dass die anderen auf den Decken in der Nähe es hören konnten. Es war mein erster schwindelerregender Vorgeschmack auf das durchdringende sexuelle Verlangen eines Mannes / Jungen und auf das Feuer, das dies in meinem Bauch entfachte. Es löste eine völlig neue Art von Sehnsucht in mir aus, erweckte meine Sinne und brachte mein Blut zum Kochen. Ich wollte nicht, dass dieses intensive Pleasure aufhörte. Ich wollte nicht aufhören, ihn zu küssen und das Gewicht seines Körpers auf meinem zu spüren. Ich wollte auf immer an diesem Jungen festhalten und an dieser warmen, herzzerreißenden ersten Liebe, die so plötzlich in mein Leben platzte. Es schien mir die natürlichste Sache der Welt, diesem Jungen meinen Mund und mein Herz zu öffnen. Den ganzen Sommer lang küssten und neckten James und ich uns, bis er im Herbst aufs Internat ging. Dem Vergnügen und der Intensität dieser ersten Liebe folgte der bittere, aber unvermeidliche Schmerz darüber, ihn gehen lassen zu müssen.

Später machte ich dann die Erfahrung der *gebundenen* Liebe. Ich heiratete zweimal und liebte jeden meiner beiden Ehemänner viele Jahre lang. Wenn ich heute im Park spazieren gehe und junge Paare, Arm in Arm und mit Kindern und Hunden im Schlepptau, sehe, erinnere ich mich daran, dass auch ich das einmal gehabt hatte. Ich habe diese Lebensphase überlebt, in der es weniger um die leidenschaftliche Liebe und die Erfüllung sexueller Begierden als vielmehr darum geht zu lernen, sich um die Bedürfnisse anderer zu kümmern. Wer könnte diese Phase vergessen, in der das separate individuelle Ich diesem Allesfresser namens Familie weicht? Alles dreht sich nur noch um Windeln und Essenmachen und die Kinder von der Schule abholen. Alles dreht sich um Organisation, Disziplin, Stabilität, um Job, Haus, Garten, Hausaufgaben. Konflikte müssen abgearbeitet werden, die Prioritäten anders gesetzt, alles zum Wohl der Familie. In der Spätphase dieser Art von Liebe wird mit Leidenschaft und sexueller Erfüllung kurzer Prozess gemacht. Vielleicht wandelt sich diese Art von Liebe aber auch zu einer anderen Erfahrung, weil zwei Menschen schließlich bereit für das nächste Kapitel in ihrem Leben zu sein scheinen. Vielleicht will uns das Leben ganz woandershin führen.

Um die Entwicklungsstadien der Liebe möglichst elegant und mutig zu durchlaufen, ist es hilfreich, sich von altem Beziehungsballast zu trennen, den die Gesellschaft auf uns gehäuft hat. Als wir jung waren, hat man uns den Mythos vom Traumprinzen eingeimpft, der eines Tages auf dem weißen Pferd angeritten kommt, perfekt ist und uns auf ewig lieben wird. Ich bin diesem Mythos sogar in meinem eigenen Zuhause begegnet. Mein Vater hatte alle Eigenschaften eines Märchenprinzen und liebte meine Mutter abgöttisch bis zum Tag seines Todes. Die Hingabe meiner Eltern, ihre nie endende Liebesaffäre, ihr ohne Scham gezeigtes sexuelles Verlangen nacheinander formten mich und vermittelten mir ein übertriebenes Bild von Partnerschaft, dem ich in meinem eigenen Leben nie gerecht werden konnte. Vom Standpunkt des beeindruckbaren jungen Mädchens aus wirkte ihre Liebe sorgenfrei, leicht und erfüllend. Da ich im Widerschein ihrer gegenseitigen Hingabe aufgewachsen war, suchte ich in meinen eigenen Beziehungen endlos nach einem ebensolchen Wert. Und so leid es mir tut: Auch als Erwachsene suchte ich immer noch nach dem Mann, der so perfekt war wie Daddy und der mich immer lieben würde. Welcher Mann brächte es je fertig, solche unmöglichen Erwartungen zu erfüllen?

Diese übertrieben romantische Vorstellung von Liebe ist die Software, die auf der Festplatte der meisten kleinen Mädchen überall auf der Welt installiert wird. Und die Gesellschaft fordert uns dazu auf, das veraltete Programm weiterhin zu benutzen: Wir träumen vom perfekten Partner, vom Ring, vom weißen Kleid, von der Kapelle, in der wir heiraten, vom Treuegelöbnis und vom Sie-lebten-glücklich-bis-ans-Ende-ihres-Lebens. Wir können so viele Neustarts machen, wie wir wollen – doch den Fehler im Programm zu beheben, ist fast unmöglich. Die meisten von uns bleiben an diesem Punkt in ihrem Leben stehen. Sie hoffen immer noch darauf, dass der perfekte Partner jeden Augenblick um die Ecke kommt – ein todsicheres Rezept für anhaltende Enttäuschung.

Dann gibt es da noch die *Liebesaffäre* – kurz, süß und mit dem unabdingbaren Ende von Anfang an in Sicht. Auch ich habe mich schon Hals über Kopf, leidenschaftlich und absolut irrational verliebt und es ungeheuer genossen, so lange es eben dauerte. Bei solchen glühenden Liebesaffären verliere ich jeglichen Appetit und kopple mich komplett von der Welt der Rationalität ab. Wenn eine solche Liebe beginnt, ordnet sich alles in meinem Alltag meinem unersättlichen lustvollen Verlangen unter. Ich werde vom Hunger, mich mit einem anderen Menschen zu verbinden, überwältigt, und alles, was zählt, ist das Objekt meiner Begierde. Es passiert nicht oft, und ich kann das Rätsel, *warum* es geschieht, nicht lösen, doch in diesem berauschenden Zustand der Liebeskrankheit (und es fühlt sich wirklich an wie eine Krankheit) wird alles andere irrelevant. Kochen, putzen, arbeiten, ans Telefon gehen, die Post aus dem Briefkasten holen, Rechnungen bezahlen – die Dinge des Alltags bleiben unerledigt. Ich kümmere mich nicht ums Geschäft. Ich rufe keine Freunde an. Ich verschwinde in meinem Liebeskokon. Dort könnte ich allein von Wasser und Brot leben. Die Liebe nährt mich, ist die Energiequelle, die mich am Leben hält.

Ein Teil dieser verrückt machenden Liebe scheint der Akt des gegenseitigen Besitzergreifens zu sein, sich so schnell wie möglich vom autonomen Individuum in den Modus der Unzertrennlichkeit und schonungslosen Verschmelzung zu begeben. Vor ein paar Jahren habe ich mich unsterblich in einen hüb-

228

schen jungen Mann verliebt, der dreißig Jahre jünger war als ich. Mir war absolut klar, dass diese Art von Affäre ein sehr kurzes Haltbarkeitsdatum hat, aber es funkte dermaßen zwischen uns, dass ich nicht Nein sagen konnte. Als wir uns trafen, wurden wir augenblicklich von einem Wirbelsturm gegenseitigen Verlangens erfasst. In den ersten Tagen unserer intensiven Leidenschaft gab ich ihm einen Schlüssel zu meiner Wohnung. Das ist ausgesprochen untypisch für mich, weil ich auf meine Privatsphäre sonst sehr viel Wert lege. Aber ich war verrückt nach diesem Jungen und wollte jede freie Minute mit ihm verbringen.

Sofort begann er, seine Kleidung und andere persönliche Gegenstände in meine Wohnung zu schaffen. Das war für uns beide ganz selbstverständlich – auch ich wollte so viel wie möglich von ihm haben. Ich wollte jeden freien Moment in seinen Armen verbringen. Wir schlossen uns ein, stöpselten das Telefon aus und blieben oft Tage hintereinander im Bett. Wir fickten so viel, dass ich schließlich krank wurde. Ich bekam eine sehr aggressive Blasenentzündung, die sich bald auf meine Nieren ausdehnte. Das Fieber, die Schmerzen und eine Woche Antibiotika bremsten mich erheblich aus. Aber ich war immer noch außer mir vor Verlangen.

Obwohl ich nicht in sein Leben und er nicht in meines passte, ließen wir uns tiefer und tiefer in diese wilde Art der Liebe fallen. Wir widersetzten uns nicht. Unsere Begierde war verrückt leidenschaftlich und gefährlich emotional. Mit großer Vehemenz sagte er mir stündlich, wie sehr er mich liebte. Wir lebten in einer anderen Welt, auf unserer privaten kleinen Insel, auf der niemand uns erreichen konnte. Ich wusste, dass wir uns von der wirklichen Welt abgekoppelt hatten und dass es nur eine leidenschaftliche Liebelei war, doch das war mir egal. Es fühlte sich so wunderbar an, dass ich mich ihm und meinem alles verzehrenden Verlangen nach ihm völlig hingab. Wir waren wie zwei Alkoholiker auf einem Besäufnis – wir waren liebestrunken.

Irgendwann hatte sich die Leidenschaft schließlich erschöpft, und die Affäre verpuffte so schnell, wie sie entstanden war. Zugegebenermaßen war es schwer für mich, ihn gehen zu lassen. Ich glaube, dass das Loslassen für die meisten von uns die größte Herausforderung darstellt. In unserem Fall verblasste die Liebe; wir nahmen unsere rosaroten Brillen ab und erkannten, dass unsere Liebe voller Konflikte und Widersprüche war. Wir konnten keine Verbindung mehr zwischen uns herstellen. Es gab Missverständnisse. Was am Anfang so einfach schien, erwies sich am Ende als unüberwindbar schwierig. Das wirkliche Leben drängelte sich wieder dazwischen, es war vorbei. Er sammelte seine Sachen zusammen, gab mir meinen Schlüssel wieder und kehrte in seine eigene Wohnung und zu seinem eigenen Leben zurück.

So schmerzhaft Trennungen auch sein können – ich bin immer wieder dankbar für die ganz besonderen Gelegenheiten, mich jemandem trotz aller Widrigkeiten voll und ganz öffnen zu können. Uns beiden war von Anfang an klar, dass unsere Affäre schließlich enden würde. Wir sprachen nicht darüber. Wir planten es nicht ein. Das mussten wir auch nicht, da die Zukunft im Eifer unserer Leidenschaft irrelevant war. Alles, was zählte, war der Ausdruck unserer Liebe und unseres tiefen sexuellen Verlangens. Und als Letzteres erschöpft war, gelang es uns, einander gehen zu lassen, ohne mit der Liebe aufzuhören. Er schickt mir immer noch jedes Jahr zum Geburtstag eine Nachricht. Er ist weit weg, doch spüre ich immer noch das seidene Band der Liebe, das uns über Zeit und Raum hinweg verbindet. Wir haben etwas Tiefes und Zauberhaftes miteinander geteilt. Das gefällt mir.

Heute mache ich kein Geheimnis daraus, dass ich mehrere Männer gleichzeitig liebe. Manche Menschen glauben, dass es in meinen Beziehungen nicht um wahre Liebe geht, weil ich nicht von einem bestimmten Mann besessen, nicht Teil einer exklusiven monogamen Partnerschaft bin. In unserer Kultur herrscht ein verklemmtes, zimperliches Bild der Liebe vor, die sich durch Exklusivität, Langjährigkeit und Rechenschaftspflicht in allen Belangen definiert. Anscheinend ist Liebe nur möglich zwischen Partnern, die sich ein Leben lang einander verpflichten, oder zumindest auf eine sehr, sehr lange Zeit. Das deckt sich jedoch nicht mit meiner Erfahrung von Liebe. Mein Ziel ist es, meine Liebesfähigkeit auszudehnen. Ich will mit wachsender Großzügigkeit und Güte lieben. Ich will mehr lieben. In meinem Alter ziehe ich es vor, Ja zur Liebe in all ihren Formen zu sagen. Meine Liebe ist sicherlich nicht vollkommen, aber ich liebe sehr viel.

Die Erfahrung, die ich gerade mit meinem Boy Billy mache, fühlt sich an wie eine *offene* Liebe. In unserer Affäre gibt es einige physische und emotionale Begrenzungen, weil er mit jemand anders verheiratet ist. Unsere Treffen können nur stattfinden, wenn wir beide unserem Alltagsleben diskret den Rücken kehren können. Doch unserer Liebe sind keine Grenzen gesetzt. In unserem erotischen Spiel besitze ich ihn. Dann gehört er ganz mir, und ich teile ihn mit niemandem. Doch das ist nur das Spiel, das wir gemeinsam spielen; in Wirklichkeit sind wir beide frei. Wenn er gegangen und zu seiner Familie zurückgekehrt ist, weine ich nicht, weil er weg ist, oder fühle mich einsam und verlassen. Ich warte nicht wie ein Teenager neben dem Telefon, in der Hoffnung, dass er mich anruft, weil er mich vermisst. Ich weiß, dass er mich liebt und wiederkommen wird. In der Zwischenzeit führt jeder sein eigenes Leben. Das ist in Ordnung, und ich liebe ihn nicht weniger, wenn er weg ist.

In dieser Beziehung gefällt es mir, *die andere* zu sein. In dieser Andersheit liegt so viel erotische Energie. Ich bin seine Geliebte und seine Mistress. Und das ist genau das, was ich sein will. Ich liebe es, sein sexuelles Verlangen nach mir zu spüren. Ich liebe es, sein Herz zu spüren. Ich liebe das Wissen, gemeinsam mit ihm lange verborgene geheime Fantasien auszuleben. Ich liebe den Raum, den wir gemeinsam bewohnen, selbst wenn es immer nur für ein paar kurze Stunden ist.

Eine andere Art von Liebe habe ich erst spät in meinem Leben entdeckt: *Kameradschaft*. In den vergangenen drei Jahren habe ich mich der Erfahrung geöffnet, mich meinen Freundinnen liebend verbunden zu fühlen. Bis dahin hatten die wichtigsten Liebesbeziehungen in meinem Leben immer mit Sex zu tun gehabt und immer nur mit Männern stattgefunden. Ich wusste nicht, wie man tiefe, anhaltende Verbindungen zu Frauen schafft. Ich wusste nicht, wie man Frauen liebt. Ich hatte all meine Eier in ein Nest gelegt – in das Ehenest. Ich nahm an, dass Ehe bedeutete, dass mein Ehemann mich verstehen, mit meinen emotionalen Höhen und Tiefen Geduld haben und für mich da sein würde, mich halten und in den verschiedenen Dramen meines Lebens unterstützen würde. Manchmal funktionierte das auch. Doch oft wurde ich mit der männlichen Version emotionaler Verstopfung konfrontiert und enttäuscht. Männer sind gut in vielen Dingen – das Verarbeiten emotionaler Angelegenheiten gehört nicht dazu. Es gibt natürlich auch Ausnahmen; dennoch gilt die allgemeine Regel: Brauchst du lang anhaltenden, unvoreingenommenen Rückhalt von einem liebevollen, mitfühlenden, verständnisvollen Freund, such dir eine Frau.

Auch da hatte ich noch eine Menge zu lernen. Ich hatte schon seit Jahren mit Frauen gearbeitet und Hunderte von ihnen kennengelernt. Doch nur sehr wenige ließ ich auch an mich heran. Ich musste lernen, Frauen mein Herz zu öffnen und sie hineinzulassen. Ich musste lernen, nicht nur eine gute Lehrerin, sondern auch eine gute Freundin zu sein. Liebende Freundschaften – ob nun mit Männern oder Frauen – brauchen Sorgfalt und Pflege. Und als Single hatte ich die Zeit, das besser als jemals zuvor zu erlernen. Ich machte auch Fehler und nahm ein paar falsche Abzweigungen, doch schließlich erkannte ich ganz gut, wann ich eine Frau, die zu mir passte, gefunden hatte. Diese ganz besondere Frau, die die Seele wahrer Freundschaft besaß. In der gleichen Art und Weise, in der ich meine Fähigkeit, Männer einzuschätzen, entwickelte, in der ich intuitiv wusste, wer ein guter Liebhaber sein würde und wer nicht, erkannte ich auch die Frauen, die das Potenzial hatten, mit mir eine echte Freundschaft einzugehen. Es ist schon seltsam: Das Vertrauen und die Treue, die das Prinzip der Monogamie von verheirateten Paaren verlangt, ist genau das, was ich nun bei meinen Freundinnen suche. Meine Freundinnen gehen mit mir durch dick und dünn, und dafür liebe ich sie.

Die emotionale Zuverlässigkeit, die ich früher von Männern verlangte, finde ich nun in Hülle und Fülle im warmen Kreis meiner Freundinnen. Die Empathie, das Verständnis, der Halt und die Liebe, die wir einander schenken, nähren mich im tiefsten Inneren. Um fair zu sein: Männer haben andere Qualitäten. Sie sind gut in Basketball, im Jagen und im Bauen. Sie können Schnee schippen und Automotoren reparieren. Sie sind sachlich, praktisch und Kindern gute Väter. Manche sind sogar gut im Bett – zwar nicht besser als mein Vibrator, aber gut. Wie wir Frauen können auch Männer einige Dinge gut und andere nicht so gut. Und das ist, glaube ich, ganz in Ordnung so.

Vor Kurzem erzählte mir ein Freund, sein größtes Problem sei es, dass sich die Frauen, mit denen er Sex hat, immer in ihn verliebten. Ihm schien es so, als ob jedes Maß an Intimität mit einer Frau sofort zu einer Verpflichtung führte. Sofort muss er am Leben eines anderen Menschen teilnehmen, ob er will oder nicht. Er muss auf ihre Termine und ihre Pläne fürs Wochenende und für den Urlaub Rücksicht nehmen, muss Kompromisse eingehen und seine Autonomie aufgeben. Er muss jederzeit für sie da sein und seine anderen Flirts und Affären geheim halten. Er muss sich selbst aufgeben. Sich zu verlieben macht alles kaputt. Seiner Ansicht nach könne er nur frei bleiben, wenn er Sex ohne Liebesansprüche haben könne – ficken ohne Bindung oder Erwartungen. Zu seinem Unglück weigern sich die meisten Frauen, dieses Spiel mitzuspielen.

Und auch ich muss zugeben, dass ich in dieser Hinsicht wie die meisten Frauen bin. Ich kann mein Herz nicht von meiner Möse trennen. Und warum sollte ich das auch? Ich habe alle meine Lover sehr gern. Ich liebe jeden von ihnen als Individuum und schätze ihre Präsenz in meinem Leben. Aber die Frage ist: *Wie* liebe ich sie? In meinem Leben gab es Phasen, in denen ich gierig und fordernd war, in denen ich einsam und bedürftig war, in denen ich versuchte, Liebe aus einem Mann zu *saugen*. Es gab Zeiten, in denen ich die Bestätigung brauchte, immer noch begehrenswert zu sein, den Beweis, mehr als alle anderen geliebt zu werden. Diese Zeiten gehören zu den enttäuschenderen Momenten in meinem Leben, zu den Momenten, in denen mein äußerer Fokus mich von meinem innersten Wesen abkoppelte.

Liebe ist nicht raffgierig oder fordernd. Liebe braucht nicht die Bestätigung von außen. Sie braucht weder Rückhalt noch Zustimmung. Liebe beginnt mit mir, in mir drin, in meinem Herzen. Als ich mit 60 plötzlich wieder Single war, musste ich mich von meiner Abhängigkeit von regelmäßigen Liebesseruminjektionen verabschieden. Und als der anfängliche Schmerz vorüber war, setzte ein tiefer Heilungsprozess ein. Im Schmelztiegel meines Herzens kam es zu einer alchemistischen Verwandlung. Sie brachte Vergebung mit sich und verwandelte meine Bedürftigkeit in Selbstakzeptanz und Selbstliebe. Wenn ich mich selbst liebe, wenn ich mag, wer ich bin, und wertschätze, wer ich geworden bin, schaffe ich das Fundament dafür, dass die Liebe auch auf andere ausstrahlen kann. Die Quelle der Liebe liegt nicht im Außen. Sie liegt in mir selbst. Und während ich meine Liebhaber und Freunde liebe, finde ich mehr und mehr über mich selbst heraus. Liebe ist eine anspruchsvolle Berufung, ein Job, von dem ich mich nie zur Ruhe setzen werde.

Die Herausforderung der kommenden Jahre besteht für mich darin, mein Herz für Überraschungen offenzuhalten. Ungeplante Begegnungen mit Menschen, Männern wie Frauen, die meine Konzepte hinterfragen und mich inspirieren, mein liebendes Herz noch mehr auszudehnen. Veränderung finde ich unglaublich erregend – das Unbekannte, das Unentdeckte, die Menschen und Orte, die für mich neu sind und anders als alles, was ich bisher kennengelernt habe. Ich liebe es, mich auf das Mysterium einer neuen Freundschaft einzulassen, ein anderes menschliches Wesen in seinem tiefsten Inneren zu entdecken. Ich will wissen, wie andere Menschen lieben und wie sie Pleasure erfahren. Ich schätze die würzige Abwechslung meines Single-Lebens und kann mir vorstellen, so noch viele Jahre weiterzuleben.

Ein Freund von mir glaubt, dass ich mich immer noch in der typischen nachehelichen Erholungsphase befinde. Mit der Zeit, so sagt er, werde ich mich schon wieder ändern, wenn der Richtige vorbeikommt. Doch *der Richtige* gehört zu den alten Klischees ohne große Bedeutung, und ich bin definitiv nicht auf der Suche nach jemandem, der diesem Klischee entspricht. Aber wer weiß? Weder plane ich noch schließe ich eine Eventualität aus. Ich bin offen genug, mich vom Leben überraschen zu lassen, und heiße das Geschenk willkommen, im Hier und Jetzt zu leben. Was wird mir nächste Woche, nächsten Monat, nächstes Jahr begegnen? Die Zukunft ist für jeden von uns ein Buch mit sieben Siegeln. Wir können sie weder vorhersehen noch planen noch kontrollieren. Ich glaube, das Universum weiß ganz genau, was ich brauche, um in Pleasure verankert zu bleiben. Mein Leben ist in guten Händen – und das zu wissen, ist vielleicht das größte Pleasure überhaupt!

Quellenverzeichnis

Herzlichen Dank für die Abdruckgenehmigungen der Zitate. Trotz aller Bemühungen konnten nicht alle Rechtsinhaber ausfindig gemacht werden. Berechtigte Anspruchsinhaber können sich gerne an den Verlag wenden.

Seite 7: William Shakespeare: *Hamlet*. Erster Akt, dritte Szene. Übersetzt von August Wilhelm von Schlegel. Siehe: http://gutenberg.spiegel.de/buch/5600/2

Seite 15: R. Buckminster Fuller: *Anthology for the New Millennium*. Herausgegeben von Thomas T. K. Zung. St. Martin's Griffin, New York 2001

Seite 60: Federico Fellini. In: *The Pan Dictionary of Contemporary Quotations*. Pan Books 1982

Seite 79: Rita Mae Brown: *Bingo*. Übersetzt von Margarete Längsfeld. Neuausgabe 2000. Rowohlt Verlag, Reinbek bei Hamburg 1990, Seite 305

Seite 163: Wilhelm Reich. Mit freundlicher Genehmigung des Wilhelm Reich Museums

Seite 199: Rainer Maria Rilke: *Briefe an einen jungen Dichter*. Insel Verlag, Frankfurt am Main 1977, Seite 44

Seite 221: Louis de Bernières, *Corellis Mandoline*. © Louis de Bernières 1994. Aus dem Englischen von Klaus Pemsel. © S. Fischer Verlag GmbH, Frankfurt am Main 1998, Seite 351

Verlagsgruppe Random House FSC-DEU-0100
Das für dieses Buch verwendete FSC®-zertifizierte Papier
Munken premium cream liefert Arctic Paper Munkedals AB,
Schweden

ISBN 978-3-517-08748-1
© 2011 by Südwest Verlag, einem Unternehmen der Verlagsgruppe Random House GmbH, 81673 München

Alle Rechte vorbehalten. Vollständige oder auszugsweise
Reproduktion, gleich welcher Form (Fotokopie, Mikrofilm,
elektronische Datenverarbeitung oder durch andere Verfahren),
Vervielfältigung, Weitergabe von Vervielfältigungen nur mit
schriftlicher Genehmigung des Verlags.

Wir haben uns bemüht, alle Rechteinhaber und Einverständnisse
einzuholen. Falls dies nicht in allen Fällen gelungen ist, bitten
wir jeden, der sich in seinem Recht berührt fühlt, sich beim Verlag zu melden. Berechtigte Ansprüche werden selbstverständlich
branchenüblich berücksichtigt.

Übersetzung: Alexandra Becker, München
Lektorat: Dr. Ulrike Kretschmer, München
Covergestaltung: Christian Weiß, München
Cover- und Autorenfoto: Christian Weiß, München
Satz: Lore Wildpanner, München
Druck und Verarbeitung: GGP Media GmbH, Pößneck
Printed in Germany
817 2635 4453 6271
www.suedwest-verlag.de